公共关系研究

Public Relations

第 6 辑（Vol. 6）

《公共关系研究》编辑委员会　编

经济管理出版社

目　录

Contents

中国企业国际化的风险防范和传播价值*

郭惠民**

【摘要】随着中国与世界的融合不断深入，以及国家"一带一路"倡议的具体落实，中国企业大规模"走出去"的国际化进程大大加快。当今世界环境日趋复杂，利益与竞争并存，"一带一路"沿线各国的发展水平、商业规则、制度法律又各不相同，为此中国企业"走出去"将面临前所未有的机遇、挑战和风险。相关研究表明，中国企业"走出去"主要面临三大风险：因战略利益冲突所产生的地缘政治经济风险；因法律、资金、利率、市场等因素所产生的商业游戏规则风险；因风俗习惯、宗教理念等不同所产生的文化差异冲突风险。应对以上风险，管控规避风险的具体传播策略主要有：着力建设国际品牌，打造良好企业形象；强化企业社会责任，提升国际和当地社会认同；加大国际公关的力度，经营和维护好与利益相关者的长期关系。

【关键词】中国企业"走出去"；风险；商务沟通

The Risks Prevention and the Corporate Communication for Chinese Enterprises Internationalization

GUO Huimin

Abstract　　As China becomes increasingly integrated with the world, and the concrete implementation of "The Belt and Road" initiative, the internationalization process of Chinese enterprises going global on a large-scale has greatly accelerated. With the increasing complexity of the world, the coexistence of interests and competition, and different countries along "The Belt and Road" route present major differences in terms of development level, business rules and legal systems, a fact which creates unprecedented opportunities as well as challenges and risks for Chinese enterprises prepared to seek overseas expansion. Relevant research shows that Chinese en-

* 本文为作者在"2016 中国企业'走出去'与国际公共关系国际学术研讨会"的主旨演讲，因技术原因，本文未经作者本人审核，由李宙芷同学整理。李宙芷，上海外国语大学国际工商管理学院企业管理专业研究生。

** 郭惠民，中国国际公共关系协会副会长、学术委员会主任，国际关系学院副校长、教授。

terprises face three major risks as they seek to go global: the geopolitical and economic risks caused by the conflict of strategic interests, the commercial game rules risks arising from law, capital, interest rates, and the market factors, and the cultural differences conflict risks due to different customs, habits and religious concepts. In response to these risks, Chinese enterprises can primarily resort to three specific communication strategies that may help control and avoid such risks, namely, to develop international brands and build positive corporate images, to strengthen the corporate social responsibility and enhance their international and local identity, and to intensify international PR efforts designed to manage and maintain a good long-term relationship with relevant stakeholders.

Keywords　Chinese Enterprises Going Global; Risk; Communication

1. 引言

近些年，中国国际公关协会主要在两个领域开展学术活动：一方面是行业本身的研究，主要讲中国国内的公共关系市场；另一方面是关于国际公共关系的研究。在国际公共关系的研究上，由于各种原因，国内发展比较缓慢，当然这和国家本身的发展，以及如何登上一个历史性的、世界性的舞台有很大的关系。中国登上世界舞台需要一个过程，随着中国与世界的融合不断深入，以及国家"一带一路"倡议的具体落实，中国企业大规模"走出去"的国际化进程将大大加快。当今世界日趋复杂，利益与竞争并存，而"一带一路"沿线各国的发展水平、商业规则、社会制度、宗教文化、法律体系又各不相同，许多国家都处于敏感地带，内外矛盾交加，政局动荡，因此中国企业在"走出去"的过程中将面临前所未有的机遇、挑战和风险。将"中国和世界如何跨越陷阱"作为学术年会和中国企业"走出去"与国际公共关系的内容相结合，可以启发中国企业国际化的风险防范和传播价值的研究。

2. 中国企业"走出去"与国际公共关系研究

中国的外国语大学比较独特。为什么中国有外国语大学？大概是以前长期受到帝国主义侵略，我们需要学习外语进行沟通，但有一个奇怪的现象，国内的外国语大学不是相互之间竞争，实际上是在跟别的高校竞争，完全不是"外国语大学"的概念了。所以现在这些外国语大学如何在发展过程中培育核心竞争力，其中一个很重要的方法就是要贴近国家战略。贴近国家战略主要是指三大战略：第一个是创新驱动，转型升级；第二个是"一带一路"倡议；第三个是中国文化"走出去"。公共关系已经在国家文件中表现出来，比如关于如何讲好中国故事，中国文化如何"走出去"，还提到如何请一些外资的公关公司来做这方面的事情，以及中宣部讨论如何让中资的公关公司也参与其中。

国际公共关系这个学科的教学和研究一种是放在管理学科中，更高的就是放在国际关系中，需要放在国际关系大的背景中进行研究。这些年，国内国际公共关系的研究主要集中在几个方面：

第一个方面，主要是关于中外公共关系的比较。比如，美国田纳西大学广告与公共关系学院院长 Maureen Taylor 教授在演讲中提道："是不是中国要走西方的模式，还是西方立足于中国的文化？"用一种比较的视野，如何真正认识自己比较重要。关于中外公关关系的比较，国内很长一段时间都在研究，从西方引进的理论，到了东方之后，如何进行跨国的本土化，这是国际公共关系领域研究最早的一个领域。

第二个方面，就是关于国家品牌、国家形象，这方面的研究也是比较多的。在国际公共关系方面，关于软实力、形象的建设，相关研究是比较多的。陈先红教授有一个学生，在兰州大学做国家公关的相关内容，提出了"国家公关"的概念。到底有没有"国家公关"这个概念？应该怎么理解？在英语中似乎没有这个概念，希望有机会跟他探讨这个问题。还有就是为什么公共外交这些年在国际公共关系里提到得比较多呢，外交部设立了公共外交办公室，我曾与我的学生秦刚（曾任外交部新闻司司长、外交部发言人）交流过，他认为国际公共关系在外交领域里的运用就是公共外交。国内关于公共外交的研究非常多，但是怎样和国际公共关系挂上钩，值得进一步思考。

第三个方面，就是研究风险社会里的传播管理和沟通管理，其与国际上的研究相对接，也是国内研究国际公共关系方面目前为止最多的、希望能进一步拓展的领域。

3. 中国企业"走出去"的发展概况

中国企业"走出去"的发展有三个时间点：2004 年、2008 年和 2013 年。第一个时间点是 2004 年，这是一个标杆性的历史节点，2004 年，联想收购 IBM 公司全球个人计算机（PC）业务是中国企业"走出去"的标志性事件，不探讨其成功还是失败，它的确起到界限划分的作用。在这之前，中国企业"走出去"的都不是那么成功，基本上属于自娱自乐，在激烈的国际竞争中失败而归。由于"走出去"的极大诱惑力，中国大部分企业陷入"出海"的冲动、兴奋和茫然中，它们盲目进军海外市场，往往通过外贸的形式，直接把国内的东西复制到国外去，这是肯定不行的，也得到了深刻的教训。联想收购 IBM 的 PC 业务，在当时是很轰动的一件事情，最有标志性的一个背景情况就是，"《财富》500 强"里中美企业上榜的数量几乎可以占到一半多，所以 G2 是什么概念，就能在其中体现出来。但中国在品牌 500 强中占比很小，大企业不等于伟大的企业，这个差别就体现出来了。实际上，我们讲中国企业"走出去"，就是要讲中国企业的品牌国际化。2004 年，当时在品牌 500 强中，联想由于收购 IBM PC 业务，一举成为了世界品牌。因此，2004 年是一个非常重要的时间点。

第二个时间点是 2008 年，2008 年世界上最大的一件事情就是美国次贷危机，美国的次贷危机引发了金融危机，以及后来的经济危机。实际上每次的经济危机都是一个重新洗牌的过程，给中国创造了很多的机会。2008 年低价收购的机会来了，用较低的价格收购一些优质资产，为中国企业创造了很多机会，所以很多企业借此势头一下子"走出去"了，中国企业海外并购经历了一次小高潮。之后到 2010 年债务危机波及整个欧洲，中国企业再次大规模出海，海外并购又迎来一个高潮。中国企业对外投资规模大大提升，因此 2008 年可以作为中国企业"走出去"的一个重要里程碑。

第三个时间点是 2013 年，之前是市场自发的机会，从 2013 年起国家在原有政策的基础上推出了一系列"走出去"的政策清单，重点是联系"一带一路"倡议。"一带一路"拓展了中国对外开放的内涵，中国企业"走出去"和"一带一路"国家发展战略联系在一起，就等于有了国家的支持，市场和国家产业政策的调整相结合，中国企业的国际化搭上了国家战略的"快车"，政府也为企业"走出去"提供了更完善的政策平台，中国企业国际化进入一个新阶段。

所以，中国企业"走出去"这个势头应该说在 2004 年、2008 年、2013 年有三个新的开始。我们再回顾 2011 年有一些什么情况呢？比如美国战略的调整。"冷战"结束后，美苏两极世界变为单极世界，美国占据单级的世界霸主地位。2001 年，"9·11"事件后美国开始反恐。2011 年，奥巴马意识到，战争是赔钱的，于是提出重返亚太，中国变成了竞争对手。2012 年，美国哈佛大学的学者格雷厄姆·艾利森，提出了中美关系就是修昔底德陷阱。特朗普上台之后退出跨太平洋伙伴关系协定（TPP），重返亚太的战略是否会调整？但最大的一个问题是特朗普坚持保守主义，全球保守主义贸易保护主义抬头，这对中国未必是好事。2016 年 11 月，在秘鲁的 APEC 峰会还在强调要推进全球化、自由贸易。全球局势仍处在不断变化和发展之中，因此中国企业"走出去"的过程仍是一个应对各类风险、面对不同机遇和挑战的过程。

4. 中国企业"走出去"面临的三大风险

2014~2015 年，国际关系学院开展了"中国企业'走出去'传播之价值"课题研究，分析概括得出了未来的十大传播风险：各国文化差异显著；中国品牌在国外的认知度低；国外公众对中国品牌的偏好度低；中国政治体制与意识形态不被西方认可而导致国外媒体及公众对中国企业的负面态度；企业缺少与国外媒体的有效沟通机制和主动沟通意识；没有与国外媒体打交道的经验与技巧；缺乏专门从事相关工作的专业人才；不善与外籍员工沟通；可用于指导实践的相关理论体系严重匮乏；在海外进行危机管理风险更大、经验不足。进一步研究表明，中国企业在"一带一路"建设中"走出去"面临的最突出的风险有三个——地缘政治经济风险、商业游戏规则风险、文化差异冲突风险，这些都是跨文化的风险。

第一，因战略利益冲突所产生的地缘政治经济风险。在全球化时代，当今的国际关系都是地缘政治经济关系，中国企业在"走出去"过程中必定会遭遇相应的地缘政治经济风险。长期以来，欧亚地区地缘政治矛盾突出，由于国际层面大国博弈、世界经济震荡等因素，或国家层面的政治、经济、法律制度的因素，中国与"一带一路"沿线的一些国家会存在某些战略利益的冲突,使"一带一路"建设面临着地缘政治的巨大风险。比如,国有企业在海外投资时屡遭质疑,相关国家对中国战略意图进行过度猜疑和恶意揣度,南海及东海等海洋权益争端和海洋通道运输安全等问题。这些对中国企业"走出去""一带一路"倡议的实施都是不容小觑的难题,因此中国需要尽量避免冲突,建立相互信任的关系。

第二,因法律、资金、利率、市场等因素所产生的商业游戏规则风险。"一带一路"沿线涉及的国家众多,中国企业在"走出去"的操作过程中可能面临法律体系不同、法律信息不对称的风险,在企业建设投资、劳工福利、生态环境中受到不同法律法规的管制。海外基础工程建设的投入大、周期长、不确定性因素较多,中国企业在对外投资方面可能面临资金亏损的风险。在一定时期内随着力量的变化也会导致中国企业国际投资的资产价值变化。"一带一路"建设中各个国家的发展水平不同,不同的市场状况如财政赤字或债务危机,也会让中国企业的海外投资面临风险。

第三,因风俗习惯、宗教理念等不同所产生的文化差异冲突风险。"一带一路"相关国家的文化是多元的,中国企业在海外经营活动中面临文化差异冲突是必然的。比如,因员工文化背景不同可能导致沟通不畅,产生争议和隔阂。因内外部发展环境、经营理念、管理方式的变化,无法很好整合企业文化,导致投资失败,经营困难等。在跨文化的背景下,如何管理文化差异,降低冲突风险,实现对话沟通,创建积极信任,构建合作共赢的良好局面,成为中国企业"走出去"的一项重要课题,也是对企业跨文化管理能力的一大考验,对中国企业的可持续发展具有重要意义。

5. 结语

良好的品牌不仅是一种识别标志,更是一种价值理念,代表着强势的市场地位。品牌国际化成为全球企业的普遍共识,中国企业在"走出去"的过程中,打造良好的国际品牌形象的必要性日益凸显。如今国家"一带一路"政策正在助力中国品牌发展,为中国企业品牌走向国际提供良好的契机。面对复杂多变的国际环境和市场,中国企业"走出去"主要面临三大风险:地缘政治经济风险、商业游戏规则风险、文化差异冲突风险。防范这些风险,需要加强中国企业的品牌建设和传播力度。中国企业"走出去"时应努力做到以下几点:

第一,着力建设国际品牌,打造良好企业形象。在品牌传播过程中首先要强化企业内部管理层和员工的品牌观念,把员工培养为企业品牌传播的大使,重视雇员的培训和约束。还可以向成熟的跨国公司学习品牌传播经验。第二,强化企业社会责任,提升国际和当地社会的认同。企业不能将目光局限于自身利益,还要做到与当地民众、社区等共谋发展。中国企业在海外要增强法律意识、治理意识、人文意识和环境意识,也要注重履行社会责任的方式和效果,重视沟通、交流和协商。当企业的发展与社区需求协调一致时,企业才能提高效率,获得当地社会的认可,实现长远发展的目标。第三,加大国际公关的力度,经营和维护好与利益攸关者的长期关系。中国企业"走出去"要做海外宣传,讲好中国故事,传播中国声音,主动与外媒、政府及当地 NGO 打交道,力求获得他们的认可,同时利用新媒体传播企业理念,构建企业形象,提高海外民众对企业的认可度。

参 考 文 献

郭惠民. 2016. "一带一路": 中国企业海外利益保护. 中国国际安全研究报告(2016).

多元文化与价值协商：中国企业品牌国际化的观念重构*

胡百精**

【摘要】 西方媒体对中国品牌国际化持有资本并购、技术阻碍和文化冲突的取向，中国企业"走出去"必须解决合法性的问题。对话所追求的目标导向要强调认同，共识承认了多元主体，而承认就是利益取向和结构倾向上的不散场。中国企业"走出去"要在对话当中成就合法性，在对话当中成就认同、共识、承认。

【关键词】 合法性；对话；认同

Multiculturalism and Value Negotiation：Reconstruction of Chinese Enterprises' Brand Internationalization

HU Baijing

Abstract Western media on the internationalization of Chinese brands holding capital mergers and acquisitions, technical barriers and cultural conflict orientation, Chinese enterprises must go out to solve the problem of legitimacy. The goal orientation that dialogue pursues should emphasize recognition, consensus recognizes a pluralistic subject, and recognition is a matter of interest and structural orientation. Chinese enterprises to go out to dialogue in the achievements of legitimacy in the dialogue among the achievements of recognition, consensus, recognition.

Keywords Legitimacy; Dialogue; Recognition

1. 引言

从 2014 年开始，笔者所带的团队受国资委的委托，在中国人民大学每个月

---

* 本文为作者在"2016 中国企业'走出去'与国际公共关系国际学术研讨会"的主旨演讲，因技术原因，本文未经作者本人审核，由范东洋同学整理。范东洋，上海外国语大学国际工商管理学院企业管理专业研究生。

** 胡百精，教授、博士生导师，现任中国人民大学新闻学院执行院长、公共传播研究所所长。

都会面向中石油、中石化这样的央企做一个沙龙。到现在为止一共举办了 20 多期，有 106 家企业参与。每个沙龙都有一份研究报告、几十人的访谈，两年里参与访谈的人数有几百人。这些沙龙活动也重点研究了一些企业在国外媒体的传播情况。笔者从这些研究中抽了西方主流媒体有关中国企业的报道，并进行了简单的基于文本和探访的量化研究，进而得出以下判断。

2. 西方媒体对中国企业的三个取向

目前为止，西方的主流媒体对中国企业呈现如下几个取向：第一，中国企业的资本就是资本并购，这是西方主流媒体对中国企业最大的印象之一；第二，关于中国企业的技术创新和技术发展；第三，中国企业在西方品牌化的过程中与当地文化的冲突。

这三个议题构成了 2010~2016 年西方媒体对中国企业报道和传播的三个核心议题，这三个核心议题显露了什么样的状况？主要有以下几个方面。

西方主流媒体对中国企业的报道，大体停留在资本的入侵、资本的并购这些方面。如政府所主导的疯狂资源掠夺者，以国家的垄断进入世界市场、全球市场，展开不正当的竞争。这实际上把中国企业描述为一个携着强大资本力量入侵市场这样一个搅局者的形象。我们知道对于一个品牌建设来说，企业固然是一个商业组织，如果整个企业的品牌面孔都被称为资本市场的搅局者，那是片面的。

（1）技术问题。承认中国企业在技术方面进行了尝试和努力，也有实质性的突破，但是认为中国企业阻碍技术创新。西方媒体认为，中国的用工成本比较低，从而用低成本替代技术方面的突出，还有抄袭者和改造者的情况。

（2）文化层面的冲突。其实文化是一个较为抽象的概念。对于不同的文化，我们是否尊重对方的集体记忆，就是一个族群的记忆，包含当地人们最看重的是非、价值、核心价值？西方媒体会举很多例子，比如中国一家巨大无比的企业在美国落户之后，当地市长邀请中国企业的负责人参观芝加哥的一个博物馆。这个企业负责人在里面参观了十几分钟之后就要出来，因为西洋的很多绘画很多中国人不理解，无法体验审美背后的历史传承。这样的描述、这样的故事会把中国企业描述成文化上的野蛮人、落后文化挺进先进文化的暴发户。

3. 中国品牌国际化的合法性

中国品牌的国际化，必须首先解决中国品牌合法性的问题，合法性包括有效性、正当性和程序性这三个方面的问题。这也是学者们一直以来所探讨的公共关系价值"三维度"，公共关系做得好，可以为企业获得更多的收益，实际上能节约企业的成本。今天的全球化，一方面令全世界变成一个地球村，另一方面在整个人类部落化的前提下，利用公共关系管理一个组织，在异域文化下，就是合法性的问题。确立、巩固、强化一个组织在异域文化上的合法性问题，事实上不只要面对海外文化，还要在国内的环境中考虑。

互联网成就的社会心理和社会性格，使人们期望一切问题都能得到解释，一切过程是可感的、可知的、可参与的。因此，从这个角度来看，所谓的中国企业品牌国际化的问题，特别是通过公共关系手段来推进国际化的问题，更要首先解决合法性的问题。如果企业和品牌的合法性问题没有解决，即便我们在西方推动了大量的企业社会责任项目，这些项目的投入也会很大，因为这些国有企业在这些方面是不计成本的，且很少考虑到成本的问题。即便有实质性的创新，在资本市场上是正当的、在企业社会方面有卓越的表现也不行，必须先把合法性的问题建立起来。

合法性，首先是一个程序合法性的问题：一是法律层面的程序合法性，还有公共关系管理的对话、沟通的合法性；二是程序合法性和绩效合法性，企业有可持续、卓越的业绩表现，卓越的业绩应该是互惠性的。其次是价值合法性的问题，包括情感、尊严、审美、伦理、道德、理想和信念这个层面的合法性。企业突破时空的边界，到陌生的地方发展业务，需要考虑情感纽带的建立，选择之后彼此之间的尊严感问题，包括道德领域、信任问题等。信任是企业冒着一种风险把业务交付给你，它依循的基准是什么？风险的补偿机制是什么？这都是今天公共关系考量的大问题。中国企业"走出去"，公共关系的作为首先是与多元利益关系者在对话的情况下，考量程序合法性、价值合法性的问题。

4. 对话

过去 20 年的公共关系研究一直在探讨对话的问题，并且回避了双向沟通这样的模式。因为这样的模式有几个假定：第一，承认了公众的价值，这是公关理论和公关思想史上巨大的进步。第二，强调定位，强调客户和消费者为中心。在所有的商学院，大家都熟悉一种观念，叫作以客户为中心，顾客就是上帝。教师讲求学生本位，医生讲求患者就是上帝。原来强调是以组织为本位的，以我为中心确立外部社会，这样是支配性的，是反民主和自由的。从 20 世纪 60 年代提出的社会科学，一直到 20 世纪 90 年代提出的双向沟通，走向了另外一个极端，就是强调消费者本位。钟摆到左边的组织本位是错的，移到右边以用户和消费者为中心也是错的，基本上做不到真正意义上的以客户为中心。即使商业组织强调以消费者为中心，在沟通上提升了消费者的主体地位，这种提升仍然是以资本和技术的控制为导向的。

今天的很多新媒体，通过大数据的方式可以量身定制个性化数据。从传播上提升消费者的地位和需求，这种大数据的需求就是加强控制，沟通把消费者放到了主体地位，在其他方面却把消费者推向了被对象化的深渊，这种深渊就是"绵密的控制"。真正以用户为中心是无法实现的，以用户为中心就是走向了另外一种褊狭。多主体之间可以形成信息、利益、价值多维度的交换问题。

对话所追求的目标导向、追求的目标效果是什么？管理学研究、公共关系学研究、传播学研究，特别强调要寻求"认同"。无论怎么样，假定目标是认同的，无论是节约成本，还是创造效益，只能通过组织的努力、关系的管理让利益相关者认同，实现成本控制，或者实现效益增加这样一个目标，将认同当作核心目标和成果来对待。

5. 认同、共识、承认

在这两年跨文化的语境下，中国品牌通过公共关系"走出去"，到底是否认同？在这里需要区分三个概念：一个是认同，另一个是共识，还有一个是承认。第一个词认同强调的是一致性，中国政府的新闻报道一直在用这个词，如"与会者一致认为"。但要注意，社会发展越来越复杂，多元的利益主体出现了，多元的文化和部落出现了。在这种情况下，保持所谓的高度认同，绝对的一致，在现在社会越来越困难了。因此出现了第二个词——共识。共识并非整体性的一致，共识强调的较量、博弈、协商、交锋之后形成的公约数，共识这个概念承认了多元主体，承认了文化和文化之间的分离。第三个词就是承认，承认是什么意思呢？就是包括中国企业"走出去"在内，由于意识形态，利益的、市场的、技术的、管理的和服务的各个方面。由于员工个性等危机，会发现事实上较量、协商、讨论、对话之后，连共识都达不成。承认意味着什么呢？就是接纳差异。一个人既不能跟他人达成高度的一致认同，在与他人较量协商之后也找不到公约数，只好承认法权地位上他们是平等的。承认彼此的沟通和较量是失败的，道德上还可以给予对方爱和沟通，在利益结构层面上不拆台、不散场。法权上地位平等，伦理道德上沟通是无效的，共识、认同难以达成，而利益取向和结构倾向上就是不散场。

事实上，我们不要假定中国企业的公关化，公关都是寻求认同，其实会带来压力。有时过度公关，往往会新一轮透支信任的资本。有时应谋求共识，但是共识的达成其实也是艰难的。因为市场是复杂的，整个社会发展充满不确定性，这种情况下则要寻求认同的一致性。

"地球村"这个概念已经很著名了，一方面人类社会进入"地球村"，另一方面"地球村"会分为多元的部落，部落和部落之间会相互屠宰。今天的公共关系观念的设计，底线性就是确立组织的合法性，目标上的追求就是共识和承认。用一句话来概括就是，在对话当中成就合法性，在对话当中成就认同、共识、承认。

参 考 文 献

纪华强. 2005. 中国大陆公共关系理论演绎. 国际公关，（4）：27-28.

王乐夫、廖为建. 1987. "公共关系"范畴归属之管见. 中山大学学报（哲学社会科学版），（3）：
　　8-12.

余明阳. 1989. 试论公关本质. 现代哲学，（4）：63-69.

中国企业"走出去"面临的伦理问题研究

张　静[*]

【摘要】中国正在实施"走出去"战略。在"走出去"的过程中，文化误解与伦理冲突成为影响中国企业跨国经营成败的一个重要原因。企业在穿越国界的同时，也面临着不同地域、不同文化所产生的不同伦理规则之间的碰撞和冲突。随着改革开放的不断深化和经济的飞速发展，尤其是中国加入WTO以后，经济领域中的伦理问题越来越严重。一方面，既有的国际规则和价值规范的挑战，要求相关企业之间的游戏规则一致，而行为体不同的利益诉求以及文化的多元化等因素导致企业在伦理问题上很容易引发分歧和冲突；另一方面，则是中国企业在转型期出现大量不合伦理（反伦理）行为，也成为"走出去"的绊脚石。本文从中国企业面临的具体伦理问题入手，包括企业诚信、劳资关系、管理模式、信息透明度、社会责任、知识产权和政治因素等，并从理论、机制与方法等方面研究解决冲突的途径。在伦理问题上，中国企业要理性对待国际规范，处理好传统与现代、民族与世界的关系，并兼顾多方利益相关者，使企业整合的过程也成为文化整合与伦理融合的过程。

【关键词】企业；"走出去"；伦理；冲突

Research on the Ethics for Chinese Enterprises Going Global

ZHANG Jing

Abstract　China is implementing the strategy of "going global". In the process of "going global", cultural misunderstanding and ethical conflict become an important reason for the success or failure of Chinese enterprises' transnational operation. Enterprisesare faced with the conflicts and collisions between different ethical rules arising from different regions and cultures when they are crossing the borderlines. With the deepening of reform and opening up and rapid economic development, especially after China's accession to the WTO, the ethical issues in economic field have become more and more serious. On the one hand, the existing international rules and the challenge of existing value norms require the conformity of relevant enterprises' game

---

＊张静，副研究员，上海外国语大学校长助理。

rules. However，the different interests claims of the actorsand other factors such as cultural diversity lead that divergences and conflicts are easy to arise on the ethical issues in enterprises.

On the other hand，a large number of non-ethical（anti-ethical）behavior，which is also known as "going global" stumbling block，appear in Chinese enterprises during the transition period.

This paper begins with the specific ethical problems faced by Chinese enterprises，including corporate integrity，labor relations，management model，information transparency，social responsibility，intellectual property rights and political factors，and explores approach of conflict resolution from the aspect of theory，mechanism and methods. On the ethical issues，Chinese enterprises should treat international norms rationally，handle the relationship between tradition and modernity，nation and world，and take account of the multi-stakeholder，so that the process of enterprise integration is also called the process of cultural integration and ethical integration.

Keywords　Enterprises；"Going Global"；Ethics；Conflicts

1. 问题的提出

1.1　选题背景

我们处在一个全球化的时代，但是与全球化相伴而生的一个相反的现象，就是本土化，全球化与地方化的冲突与融合应运而生。全球化不仅仅局限于经济方面，还涉及更深层次的伦理文化领域。以企业为例，企业在跨越国界的过程中，面临着许多陌生的外部伦理文化背景，内部要雇佣不同文化背景的员工，在这两种环境交织的过程中，企业内外部都面临着伦理冲突和融合的过程，最后形成一种超越个人层面的伦理规范，这就是经济全球化与伦理全球化背景下的趋同与差异。

1.2　中国企业"走出去"

中国企业"走出去"的发展进程如图 1 所示。

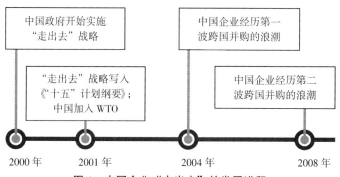

图 1　中国企业"走出去"的发展进程

1.3 现实意义

在中国企业"走出去"的过程中,一个突出的问题是中国企业的海外并购。中国企业的海外并购活动呈现出增长高速、发展滞后的特征。根据麦肯锡的统计数据,中国企业"走出去"失败的比例是67%,全球的平均比例是50%左右,因此我国的失败率较高,其中部分原因就是前期并购的失败,另一部分原因是前期并购成功、后期整合失败。来自不同文化背景和价值观念的差异,形成了文化误解或者伦理摩擦,成为并购失败的一个重要因素。因此,伦理因素日益成为中国企业核心竞争力的一个方面。伦理因素与中国的国家利益密切相关,是软实力建设的一个重要内容。

1.4 研究内容

首先是理论层面,企业需要在全球伦理层面(主要是国际经济伦理规范)、东道国伦理层面(主要是西方伦理)以及母国伦理层面(主要是儒家传统伦理)考虑差异。其次是现实层面,也就是实践中中国企业在东道国的伦理冲突表现及对策。

1.5 研究模型

本文的研究模型如图 2 所示。

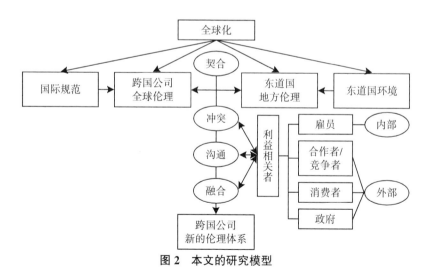

图 2 本文的研究模型

2. 中国企业"走出去"面临的主要伦理问题

2.1 问题的性质——冲突

伦理问题研究的一方面是公司内部和外部的伦理,主要侧重于外部;另一方面是伦理契合和冲突的部分，主要侧重于冲突。

2.2　问题产生的原因

客观层面上，伦理问题产生的原因主要来源于伦理认知差异、伦理发展水平的不均衡性以及国际伦理的有限性。主观层面上，主要来源于跨国公司自身追逐经济利益导致的伦理失范，以及跨国公司在发展中国家通过管理方式负载并传播的伦理和价值观。

2.3　问题的表现

中国企业"走出去"面临的主要伦理冲突可以归纳为七个方面：

一是企业诚信冲突。中国被称为世界工厂，而中国制造也同时面临着全球性的危机。2016 年在韩国首尔举办的国际食品工业展中，中国租赁了最大的展位，食品非常丰富，然而所有的展位都门可罗雀，这不禁引起了我们对于中国食品质量问题的思考。诚信冲突也包含了经营手段的诚信，中国企业在非洲国家进行跨国竞标时，存在质料造假，超低价竞标等现象，即使竞标成功但是工程还是难以为继，具体案例参见山东筑路公司竞标苏丹公路建设项目案、中国海外工程公司竞标波兰高速公路项目案。此外，企业家的诚信问题也引起了广泛重视，如亚洲传媒案。

二是劳资关系冲突。中国企业在海外用工的标准经常为西方国家所诟病。实际上众多非洲国家由于接受了英美法上百年的殖民统治，其法律非常完善，工会组织的力量也十分强大。中国企业由于不了解这些情况，在用工上经常遭遇滑铁卢。例如，在南非有 1000 多家中资制衣企业，其中一半以上的企业给员工的薪酬低于法定薪酬标准，因此南非的纺织业对中资企业提出了诉讼。赞比亚的一家中资企业科蓝矿业公司的用工模式沿用了国内的用工模式，用临时工，没有劳保以及其他任何保障，这种模式为当地工人所诟病，引发了很多劳资纠纷。

三是管理模式冲突。在联想并购 IBM 个人电脑业务案、明基并购西门子案、TCL 并购法国汤姆逊公司和法国阿尔卡特案中，由于东西方管理模式的冲突，如决策方式、经营理念、上下级关系等方面的差异引起了一系列问题。

四是信息透明度冲突。中国企业信息透明度方面对西方国家来说，存在对接不充分的问题。对上市公司来说，信息披露机制是最基本的投资者保护机制，但是很长一段时间内，中国企业对信息披露闻所未闻，企业家经常奉行"无可奉告"的原则，在海外也遭遇了很多诉讼案。例如，中国人寿和新浪网在美国遭遇的集体诉讼案，其中有一部分原因就是信息披露机制不健全。

五是社会责任冲突。在社会责任内涵中，为当地社会提供就业是非常重要的一个方面，但是我国企业在这方面遭受了很多指责。由于中国企业在市场上提供廉价的商品，给当地企业的生存以及当地居民的就业带来了很大挑战，招致众多不满。例如，西班牙烧鞋案和中铝集团在越南开发计划受阻案。

六是知识产权冲突。知识产权包括商标、专利、版权的冲突，例如，美国思科公司、摩托罗拉公司诉华为公司侵权案，以及美国莱伏顿公司诉浙江通领公司侵权案。

七是国家安全因素的冲突。国家安全因素也是中国企业"走出去"所面临的阻力之一，尤其是国有企业。西方社会往往认为我国企业很多并购战略带着国家意图，如中海油竞购美国优尼科，光明收购法国优诺、英国联合饼干，海尔并购美国美泰公司，华为并购美国三叶公司，都遭到了东道国的审查和抵制。

同时，中国企业"走出去"的过程中也有成功的案例，如长虹并购韩国第三大等离子制造商 Orion 公司、北京第一机床厂并购德国百年品牌科堡集团、中远集团收购美国洛杉矶长滩港、吉利并购法国沃尔沃、中国五矿集团收购澳大利亚 OZ 矿业公司、中石化并购瑞士 Addax 公司、华为集团收购飞利浦移动通信部门和美国圣荷赛移动通信部门，这些案例也给我们提供了成功的经验。

3. 解决伦理问题的理论、机制与方法

3.1　理论

（1）理论基础。理论基础包括企业伦理的交叠共识理论、跨文化管理的整合同化理论、全球化的对话理论、利益相关者理论。

（2）模式选择。伦理战略包括四种：共存式、占领式、反向整合和融合创新。

3.2　机制

借鉴西方跨国公司的经验，总结中国企业的一些实践经验，本文将解决伦理问题的机制归纳为六大机制。

一是伦理管理机制，包括企业要有自己的伦理规范、伦理机构和伦理主管。二是伦理培训机制，企业有员工的上岗培训、在职培训，除了业务能力培训之外，还有伦理方面的培训，要告诉员工，企业价值观是什么，面对具体问题时应该怎么做。举个最简单的例子，对送礼问题，员工怎么解决。三是伦理决策机制，伦理决策机制不是对伦理问题作出决策，而是决策时对所有备选方案进行伦理的评估。四是伦理评估与奖惩机制，既有对员工行为的评估，还有对合作伙伴的评估，如沃尔玛对供应商的伦理表现所进行的评估。五是伦理监督机制，包括内部监督和外部监督。六是伦理沟通机制，在冲突状况下，企业如果以资金和订单为威胁，迫使东道国遵守它们的伦理规范，最后的结果依然无法达到伦理的融合，所获的仅仅是一种暂时的妥协，需要进一步沟通才能实现最终的伦理融合。此外，沟通机制分为内部沟通机制和外部沟通机制。内部沟通机制包括伦理主管、伦理热线。外部沟通机制则包含以下三个方面：首先是与供应商的沟通，包括开展生产守则检查、进行相关培训和就典型伦理问题进行专门沟通。其次是与消费者的沟通，包括发布广告、发布社会责任报告、赞助公益事业和环保事业，以及借助媒体或第三方机构或权威人士。最后是与政府的沟通，包括借助本国政府对东道国政府施加影响、总部高层亲自出马、聘请资深公关公司、成立游说团体、借助媒体造势和借助东道国社团组织。

3.3 方法

在准备阶段中，首先是了解熟悉国际规范，包括东道国的法律法规、国际公认规范、行业规范等。例如，SA8000是社会责任制定的标准，往往被西方国家用以检验合作企业的资质，因此对中国企业来说，了解这方面的国际规范十分有必要。其次要分析东道国与本国的文化与伦理差异。中国企业并购时需要做好尽职调查，并加入对文化整合难度的调查，而不光是考察当地的政治、经济环境。再次是充分运用国际沟通与国际公关手段。最后是重视跨文化培训与沟通。

在整合阶段中，首先是建立整合方案和预警机制。在并购前，企业就要对一些重要的文化问题，如决策方式如何确定、双方高管团队如何构成、文化冲突造成的成本等进行研究，并购谈判时对这些问题加以考虑，提早在双方员工当中进行宣传和引导。其次是建立共同的愿景，对于一些涉及民族、宗教等无法调和和适应的部分，只能承认、尊重、理解和包容。再次是选择适当的整合模式，明确整合的层次。最后是整合要分布进行，不可操之过急。

总而言之，在全球化背景下的伦理问题上，中国企业在儒家传统伦理、马克思主义和西方伦理的交互影响下，在"中国威胁论""新殖民主义"和各国贸易保护主义的夹击下力求发展。因此，中国企业要理性对待国际规范，处理好传统与现代、民族与世界的关系，并兼顾多方利益相关者，使企业经营整合的过程也成为文化整合与伦理融合的过程。

参 考 文 献

Alexander Wendt. 1999. Social Theory of International Politics. New York：Cambridge University Press.

Amanda Bennett. 1988. Ethics Codes Spread Despite Skepticism. *The Wall Street Journal*.

Paul A. Argenti，Robert A. Howell & Karen A. Beck. 2005. The Strategic Communication Imperative. *MIT Sloan Management Review*，Spring.

Peter J. Katzenstein. 1996. The Culture of National Security. New York：Columbia University Press.

Wheeler D. Sillanpaa M. 1997. The Stakeholder Corporation Blueprint for Maximizing Stakeholder Value. FT Prentice Hall Pub.

查尔斯·艾斯. 2006. 全球网络的文化与交流：文化多元性，道德相对主义，以及一种全球伦理的希望. 上海师范大学学报（哲学社会科学版），（5）.

陈宏辉、贾生华. 2002. 利益相关者理论与企业伦理管理的新发展. 社会科学，（6）.

陈徐. 2008. 企业伦理的比较研究. 时代经贸，（2）.

陈徐. 2008. 企业伦理的比较研究. 时代经贸，（6）.

侯亚丁. 2003. 跨文化企业伦理管理战略与实践. 科学学与科学技术管理，（1）.

黄晓晔、张阳. 2006. 跨文化管理中的沟通障碍及对策研究. 江苏商论，（3）.

理查德·T. 狄乔治、翁绍军. 2001. 国际商务中的诚信竞争. 上海：上海社会科学出版社.

刘光明. 1998. 国际企业伦理的新课题. 哲学动态，（2）.

栾永斌. 2008. 企业文化案例精选精析. 北京：中国社会科学出版社.

马力、齐善鸿. 2005. 道德治理——公司治理的基石. 浙江社会科学，（5）.

孙明贵. 2001. 美国企业伦理管理的新措施. 工厂管理，（5）.

谭深、刘开明. 2003. 跨国公司的社会责任与中国社会. 北京：社会科学文献出版社.

陶建杰、裴增雨. 2006. "强力公关"背景下的企业公关——中海油事件的思考. 中国广告，（3）.

托马斯·唐纳森、托马斯·邓菲、赵月瑟. 2001. 有约束力的关系：对企业伦理学的一种社会契约论的研究. 上海：上海社会科学院出版社.

王志乐. 2004. 走向世界的中国跨国公司. 北京：中国商业出版社.

王志乐. 2005. 软竞争力：跨国公司的公司责任理念. 北京：中国经济出版社.

魏英敏. 2001. 当代中国伦理与道德. 北京：昆仑出版社.

吴新文. 2006. 公民社会的培育与中国经济伦理的改善. 上海财经大学学报，（6）.

薛求知. 1997. 无国界经营. 上海：上海译文出版社.

亚历山大·温特. 2000. 国际政治的社会理论. 上海：上海人民出版社.

阎俊、常亚平. 2005. 西方企业伦理决策：理论及模型. 生产力研究，（8）.

殷格非. 2006. 企业社会责任行动指南. 北京：企业管理出版社.

袁隆成. 2005. 对我国企业伦理建设的认识. 华东经济管理，（7）.

詹姆斯·多尔蒂、小罗伯特·普法尔茨格拉夫、闫学通. 1987. 争论中的国际关系理论. 北京：世界知识出版社.

张曙光、胡礼忠. 2004. 伦理与国际事务新论. 上海：上海外语教育出版社.

赵秀丽. 2004. 跨国营销道德状况及影响因素分析. 科技情报开发与经济，（6）.

国际公共关系公司的全球布局和对国内公共事务的介入：爱德曼中国案例[*]

张　鹏[**]

【摘要】 国际公共关系公司是公共关系产业（Public Relations Industry）全球化发展的产物，自 20 世纪 80 年代中期起，以伟达、博雅和爱德曼为代表的国际公关公司进入中国，发起中国公关市场的启蒙运动，到 21 世纪以来中国本土公关公司和国际公关公司逐渐并立，中国的公共关系市场正在不断完善。然而，中国还缺乏能够真正"走出去"的公关企业，更没有以高度商业化的方式介入他国公共关系市场的公关企业。作为全球最大的独立公共关系公司，爱德曼的全球化布局与对所在国公共事务的介入对中国相关企业有借鉴意义。

【关键词】 国际公共关系；公共关系公司；公共事务

The Globalization and Domestic Public Affairs Networking of International Public Relations Agency：Case of Edelman China

ZHANG Peng

Abstract　International public relations agencies grow up with global public relations industry in these decades. As Hill & Knowlton，Burson Masteller and Edelman go inside China PR market from 1980's，the domestic Chinese PR industry has developed and have competitive market share with international PR agencies now. But Chinese PR agencies seem has no capability to "go out" till now. How to deal with the public affairs in other countries and different markets，the Edelman global network and how Edelman involved into domestic public affairs in China may give answer to Chinese PR agencies.

Keywords　International Public Relations；Public Relations Agency；Public Affairs

---

* 本文得到国家社科基金重大项目"'一带一路'沿线城市网络与中国战略支点布局研究"（课题编号：16ZDA016）和上海外国语大学校级一般项目"中国对外关系展开中的城市参与研究"（课题编号：20161140035）的支持。

** 张鹏，上海外国语大学国际工商学院讲师，察哈尔学会研究员，国际关系学博士。

1. 引言

现代意义上的公共关系事业、专业和产业，都起源于美国。从全球角度来看，最庞大的公共关系市场也是美国市场。中国现代公共关系事业产生于 20 世纪 80 年代中前期，最早进入中国市场的公共关系公司，是美国伟达公关（Hill & Knowlton），这家始建于 1927 年的公关公司，于 1984 年 10 月在北京设立办事处。1985 年，新华社与全球最大的公关公司之一——美国博雅公关（Burson Masteller）合资建立了环球公关，这是中国第一家本土公关公司，也是目前"中国公关界唯一具有政府职能背景的公司"。① 1993 年，全球最大的独立公关公司——美国爱德曼集团（Edelman）收购了杜孟（Serge Dumont）在中国创立的中法公关公司，从而正式进入中国市场。目前，全球在营业收入上排名前 10 位的公关代理机构（见表 1），有五家来自美国，即爱德曼、万博宣伟、福莱国际、凯旋公关和高成公关。博雅公关、伟达公关和奥美公关则由于企业并购的原因，由"美籍"转为隶属于总部位于英国伦敦的 WPP 集团旗下。由此可见，美资公共关系公司在世界公共关系产业版图中的强势地位。

表 1　2015 年全球营业收入最高的 10 家公共关系代理机构

排名	公共关系代理机构名称	集团隶属	集团总部所在地国别	2015 年营业收入（万美元）
1	爱德曼集团（Edelman）	—	美国	85458
2	万博宣伟（Weber-Shandwick）	IPG	美国	77500
3	福莱国际（FleishmanHillard）	奥姆尼康集团	美国	57000
4	凯旋公关（Ketchum）	奥姆尼康集团	美国	53000
5	博雅公关（Burson-Marsteller）	WPP	英国	48000
6	明思力集团（MSLGroup）	阳狮集团	法国	48000
7	伟达公关（Hill+Knowltoon）	WPP	英国	38500
8	奥美公关（Oglivy）	WPP	英国	34700
9	蓝色光标（Blue Digital）	—	中国	24506
10	高成公关（Golin）	IPG	美国	22700

资料来源：福尔摩斯报告（Holmes Report），http://www.holmesreport.com/，为全球公共关系行业专门分析机构。

2. 独立与隶属：全球顶尖公共关系公司的分布格局

目前，爱德曼集团是全球最大的独立公共关系公司（Independent Owned Public Relations Firm），在全球 67 个主要城市发展公关业务，拥有 5500 名以上

---

① 参见中国环球公共关系有限公司官方网站：http://www.cgpr.com。

的员工，另有 40 家以上的控股公司和合作伙伴，位于 30 多个世界主要城市（见表 2）。① 按照爱德曼集团的官方表述，其"是全球众多领导及新兴企业、组织的合作伙伴，协助它们进行品牌演进、营销和守护"。爱德曼集团在中国拥有北京、上海、广州、香港、台北五家子公司，其中北京、上海、广州公司等共同组建为爱德曼（中国）集团，集团总部位于北京朝阳区天泽路 16 号，美国驻华大使馆北侧。尽管爱德曼集团起源于美国，其第一家办公室由丹尼尔·爱德曼于 1952 年创立于芝加哥。但从爱德曼集团现有的全球布局来看，其正式开设子公司最多的大区，就是亚太、中东/非洲区（简称 APACMEA）。特别是中国市场（包括港台）和印度市场，爱德曼分别开设了 5 家和 8 家子公司进行市场覆盖。在爱德曼集团的官方表述中，亚太、中东/非洲区是其最大的、业务增长最为强劲的市场。目前，爱德曼将亚太、中东/非洲区市场细分为北亚（North Aisa），东南亚和澳大利亚（Southeast Asia and Australasia）以及南亚、中东和非洲（South Asia, Middle East & Africa）三个分区。在亚太、中东/非洲区总裁的职位下，设置分区总经理（CEO）。目前，爱德曼亚太、中东/非洲区总裁为戴维·布莱恩（David Brain），其北亚分区负责人为高伯乐（Bob Grove）。爱德曼北亚分区的市场范围明确为中（包括中国港台地区）、日、韩市场。2016 年 1 月，爱德曼任命余沛文为中国市场首席执行官，余为前任阳狮广告大中华区首席执行官。

表 2　爱德曼集团的全球布局

分布	地区总部	城市分布	附属机构/合作伙伴分布
亚太、中东/非洲区	中国香港	墨尔本、悉尼、北京、广州、上海、中国香港、中国台北、艾哈迈达巴德、班加罗尔、金奈、德里、海德拉巴、加尔各答、孟买、浦那、雅加达、东京、吉隆坡、新加坡、首尔、胡志明市、阿布扎比、迪拜、约翰内斯堡	阿德莱德、苏比亚科、开罗、安曼、内罗毕、威灵顿、马尼拉、卡拉奇、科伦坡、玛斯喀特
欧洲、英联邦区	英国伦敦	布鲁塞尔、巴黎、柏林、科隆、法兰克福、汉堡、慕尼黑、都柏林、米兰、罗马、巴塞罗那、马德里、斯德哥尔摩、阿姆斯特丹、伦敦	维也纳、索菲亚、布拉格、哥本哈根、塔林、赫尔辛基、雅典、布达佩斯、特拉维夫、罗马、里加、维尔纽斯、奥斯陆、华沙、里斯本、布加勒斯特、莫斯科、布拉迪斯拉发、伊斯坦布尔、基辅
拉丁美洲区	阿根廷布宜诺斯艾利斯	布宜诺斯艾利斯、里约热内卢、圣保罗、波哥大、墨西哥城、迈阿密（美国城市，被爱德曼划入拉丁美洲区）	圣地亚哥、利马；另在玻利维亚拉巴斯、哥斯达黎加矛侧塞、厄瓜多尔基多、乌拉圭蒙得维迪亚、委内瑞拉加拉加斯等城市有合作伙伴
加拿大	多伦多	多伦多、蒙特利尔、卡尔加里、温哥华、渥太华	
美国	芝加哥	华盛顿特区等全美 14 个主要城市	

资料来源：通过爱德曼官方网站等爱德曼公开信息渠道自行整理。

---

① 相关数据来源于爱德曼集团官方网站：http://www.edelman.com/。

　　除新兴市场外，经过近65年的发展，爱德曼集团的业务还遍布欧美。例如，与其他国际顶尖公共关系公司类似，爱德曼集团在美国首都华盛顿特区同样广泛开展公共关系业务。图1为爱德曼在华盛顿的分公司具体位置，位于白宫和被誉为"游说一条街"的K街之间。

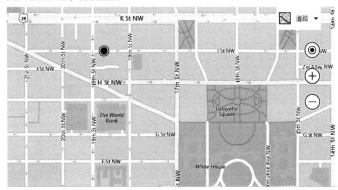

图1　爱德曼在华盛顿的公司地址与联系信息

　　更为难能可贵的是，爱德曼集团能够在自20世纪末的全球传播/广告行业（Communication & Advertising Industry）集团化并购浪潮中保持独立性，这也促使爱德曼在公共关系业务专业化方面走在全行业前列，从而成为极受同业尊重以及能够赢得客户充分信任的公共关系公司。

　　如表1所示，目前全球顶尖的10家公共关系公司，除爱德曼和蓝色光标外，已全部为奥姆尼康（Omnicom，又译宏盟）、WPP、IPG和阳狮（Publicis Groupe）四大传播/广告集团收购。隶属于大型传播/广告集团的公共关系公司，在开展业务方面有一些明显的转向，如"广告和新媒体的作用优先，而不是客户本身的需求优先"[①]。爱德曼的创始人丹尼尔·爱德曼在反对大型传播/广告集团收购方面的观点，则更为鲜明，他认为："公关业发展史上由广告集团收购公关公司是不幸事件，因为在金融投资关系、公共事务、政府关系、员工关系或危机事件处理方面，公共关系公司有完全独立于广告集团的能力和优势。"[②]

　　当然，在当下这个讲究媒体融合的移动互联网时代，公共关系行业（PR Industry）、广告行业（Adverting Industry）、咨询行业（Consulting Industry），甚至营销（Marketing）和传播（Communications）等相关行业的大融合，每时每刻都在发生。全球市场同时在进行专业细分和相近行业间的统合并购。对于顶尖公共关系公司而言，是否保持独立或隶属于更大的传播/广告集团，与传统市场环境相比已显得不那么重要，唯有爱德曼集团的全球化路线，是值得中国本土公共关

---

① 现任爱德曼集团董事长理查德·爱德曼的观点，载《国际公关》，2013年第5期。
② 首任爱德曼集团董事长丹尼尔·爱德曼的观点，载《英才》，1998年第2期。

系公司乃至中国本土传播/广告集团注意和学习的。因为公共关系是以人为本（the Public）的产业，能够帮助客户影响到更多的人，是公共关系公司的必然使命。在移动互联的时代背景下，公共关系公司的核心竞争力，就是能够在全球范围内优先介入各类公共事务。而全球布点，无疑是必由之路。

3. 爱德曼（中国）集团的公共事务类业务

从公共关系学（Public Relations）角度看公共事务（Public Affairs），范围较之行政学（Administration）范畴内的公共事务要更加宽泛。前者包括媒体关系事务、政府关系事务、非政府组织关系事务和行业间关系事务等，主客体间关系较为扁平化；而后者更加重视带有权力运行意味的公务活动，特别是政府活动，主客体间关系强调垂直与向心。作为专业公共关系公司，爱德曼在进入中国初期，即已介入公共关系学意义上的各类公共事务。

3.1　早期公共事务类业务渠道的建立

1993 年 8 月，爱德曼通过收购杜孟（Serge Dumont）创办的中法公关公司正式进入中国市场。①中法公关公司正式成立于 1990 年 6 月，由法国人杜孟从其在巴黎注册的 Interasia PR 公司转移部分资金，以 80%以上的股份与北京虹飞经济技术专家事务所（中国贸促会下属企业）合资创办。公司在北京正式设立总部的同时，开办了上海、广州和香港办事处。中法公关公司在中国承接的早期公共事务业务中，即有中国政府部门作为甲方的情况。因为有中国贸促会的背景，中法公关公司曾顺利承接支持北京申办 2000 年奥运会的相关业务。当时，中法公关公司参与编辑出版了向国际奥委会发放的英、法文版《申办公报》。另外，在帮助客户维护政府关系方面，就涉及外国客户进口关税问题，向中国政府部门提供了大量背景资料和建议。中法公关公司还曾联合其他国际公关公司，将 MM 等国际知名品牌推介到当时的北京亚运会，并帮助这些公司接触和进入中国市场。通过这些业务，中法公关公司建立了一批能够介入中方公共事务的渠道，这也是后来爱德曼在中国开展公共事务类业务的早期基础。

中法公关公司被爱德曼合并后，杜孟担任了爱德曼集团的董事及当时的爱德曼亚太区总裁，直到 1997 年离任。其间，爱德曼曾于 1996 年倡议并联合六家在华经营的国际公关公司与环球公关公司，在华发布了长达 24 页的《对在中华人民共和国开展公共关系业务的职业标准立场》，一时震动了整个中国公共关系业界。这一标准立场在事实上推进了中国公共关系职业标准体系的完善（在此之前，《中国公共关系职业道德准则》等已由中国公共关系行业组织推动通过）。在建立早期公共事务渠道方面，爱德曼在华开展业务的同时，还与中国的公共关系行业协会、公共关系学术界保持了广泛的联系。另据公开资料，爱德曼也曾参与 1992~

---

① 根据中国国际公共关系协会提供的数据，爱德曼（中国）集团在 1991 年 5 月即已加入该协会。参见中国国际公共关系协会 2016 年度会员名录。

1993 年对美国国会开展的延长中国最惠国待遇游说工作①。

3.2　爱德曼（中国）集团形成后的公共事务

随着中国改革开放进程的深化和社会主义市场经济体系的逐步完善，中国的公共关系市场在进入 21 世纪之后，外资公关公司受到了本土公关公司强有力的挑战，逐渐形成了本土公关公司和外资公关公司分庭抗礼的局面。在日趋激烈的中国市场竞争中，公共关系行业整体从立足专业性转向基于专业基础的业务综合性。总体而言，美资公共关系公司的主营业务，已从主要帮助外资企业进入中国市场，转向服务中国本土品牌与外资品牌并重。在公共事务介入方面，爱德曼也在不断开拓新的业务领域。2003 年，爱德曼整合了旗下四个骨干业务部门，形成爱德曼（中国）集团，由爱德曼公关（集团旗舰品牌）、帕格索斯传播机构（作为爱德曼旗下独立的本土公关公司）、爱德曼数字营销（为数字传播方面的专业支持机构）以及专注于消费品领域的极诺公司（Zeno）组成，这一集团架构保持至今。

爱德曼（中国）集团的形成，也具有一定的行业示范效应。特别是爱德曼对数字营销的重视，对中国本土公共关系公司调整业务架构有一定的影响。在2003 年的业务整合之后，爱德曼（中国）集团的公共事务类业务，明确由爱德曼公关公共事务组（Team of Public Affairs）负责，该团队人员配置在北京分公司。

进入 21 世纪以来，爱德曼集团最为业内熟知的公共事务类业务，是利用其全球网络开展区域与国别市场的信任度调查（Trust Barometer）。该调查专门考察四种机构（政府、企业、媒体与非政府组织）及其传播渠道的公众信任状况。年度调查报告的受访对象为 1000 名以上的意见领袖（Opinion Leader），该报告在全球公共关系业界影响甚广，欧美主流媒体如《纽约时报》、CNN、BBC 都对报告进行了跟踪。因为有广泛的在华业务，爱德曼信任度调查中的中国数据一直是报告中的亮点。例如，2005 年爱德曼发布的年度信任度调查报告中，爱德曼明确告知报告的读者"中国人对政府的信任度最高"（直到 2016 年、2017 年的报告② 仍然如此），而非政府组织是除中国以外其他各区域市场上最受信任的机构。报告指出，在中国受访的意见领袖认为政府比企业要负责任，因为政府在创造就业和吸引外资方面扮演了主要角色（参见《中国工商报》2005 年 6 月 22 日第一版）。这些结论加上报告逐年连续发布，对国内外商务、媒体、政府官员和非政府组织成员都有借鉴意义。

3.3　不断拓展新的公共事务类业务领域

2012 年底至 2013 年初，爱德曼对在华公共事务类业务进行了升级（Update），开始全面介入中国健康产业。爱德曼预估中国在国家健康产业方面的支出在 2020 年将超过 10 亿美元，中国政府已经着手对全民健康事业进行改革。

---

① 详见《公关世界》，1994 年第 9 期。
② 详见《2016 年度爱德曼信任度调查——中国报告》和《2017 年度爱德曼信任度调查——中国报告》。

现在看来，这是一步好棋，甚至是先手棋。我们知道，"健康中国"从学术概念到国家战略，经历了几个阶段，最终成为 2015 年底中共十八届五中全会通过的《中共中央关于制定国民经济和社会发展第十三个五年规划的建议》提出的新目标。再到 2016 年 8 月 26 日，由习近平总书记主持召开的中共中央政治局会议，审议通过"健康中国 2030"规划纲要。相关研究普遍研判这是 10 万亿元规模的"投资盛宴"。目前，爱德曼在北京、上海和广州的分公司都建设了独立于企业组的健康产业组，在健康产业业务领域的公共关系市场中已经占领了一定的先机。这种能够主动研判所在国市场动向，调整企业资源配置的做法，值得中国"走出去"的企业进行学习和研究。

另一个值得关注的动向，是国务院新闻办公室在 2016 年初，向包括爱德曼在内的国际公关公司招标，为中国在海外进行国家公关活动的消息。[①] 国务院新闻办公室（简称国新办），即中共中央对外宣传领导小组办公室（简称中央外宣办），属于中共中央直属机构序列，负责中共中央和国务院的对外宣传工作。2011 年 5 月起，国务院新闻办公室加挂国家互联网信息办公室（简称网信办）牌子，作为中国互联网信息监管机构。由此可见，国新办在中国的公共事务中的独特作用。尽管未能获得此次招标情况的后续信息，但无疑已经说明经过多年在华经营，以爱德曼为代表的国际公关公司已获得中方的初步信任，可以在其专业领域进行更多合作。

4. 结论

以爱德曼为代表的国际公共关系公司的在华业务，首先是以商业行为呈现的，以公共关系业务在中国社会主义市场经济中的商业价值为保证。同时，爱德曼等国际公关公司的涉华、在华公共事务方面的业务范围，也在中国改革开放进一步深化的大环境、大背景下得到了发展。

在顶尖国际公共关系公司纷纷为国际传播/广告集团并购的情况下，爱德曼集团能够保持自身的独立性和发展全球网络，值得相应的中国公司，特别是传播/广告行业的"走出去"企业学习。目前，中国还缺乏爱德曼这样的能够进行全球布局的独立、民办的国际公共关系公司，甚至在传播/广告集团的建设方面，与国际四大传播/广告集团的建设相比较仍有差距，这一现状与中国的负责任大国并不相适应，也是中国软实力的短板。

国际公共关系公司有介入所在国公共事务的天然属性，在合理合法的前提下，中方可以借鉴既有经验，继续利用国际公共关系公司的全球网络，为"向世界说明中国"和"讲好中国故事"等工作助力。同时，也需要注意保障自身的合法权益，更多地运用法律手段、市场规律和行业协会，规范国际公关公司在华业务范围。

---

① Engen Tham & Matthew Miller: *Beijing Auditions Foreign Public Relations Firms to Polish China Brand*, Reuters, Apr. 22, 2016.

参 考 文 献

Tham，E. & Miller，M. 2016. Beijing Auditions Foreign Public Relations Firms to Polish China Brand. *Reuters*.

爱德曼集团官方网站. http：//www.edelman.com/.

陈西铭. 2005. 杜孟：中国公关之父. 中国商人，（3）：38–39.

福尔摩斯报告（Holmes Report）. http：//www.holmesreport.com/.

刘婷. 2006. 爱德曼：快速应变公关革命. 商务周刊，（32）：86.

刘莘. 2012. 爱德曼重组在华机构，光明日报.

严亚南. 2013. 爱德曼：调整人事架构细分市场. 国际公关，（2）：54.

"一带一路"背景下中国对东盟直接投资现状、风险及应对策略

赵 伟 宋丽丽 *

【摘要】在中国国际战略环境中，东盟处于十分重要的地位。目前中国与东盟的关系正面临着美国"重返亚太"和南海部分岛屿主权争端矛盾上升的两大考验。在当前错综复杂的国际市场环境中，中国企业在东盟投资面临着诸多风险。本文通过对中国对东盟投资现状的分析，指出了新时期下中国对东盟投资面临的风险类型，最后针对相关风险提出具体的风险应对策略。

【关键词】东盟；主权争端；投资风险；应对策略

Under "The Belt and Road" Background of the Current Situation，Chinese ASEAN Direct Investment Risk and Coping Strategies

ZHAO Wei SONG Lili

Abstract In China's international strategic environment，ASEAN is in a very important position. At present，China and ASEAN relations are facing the United States to return to Asia Pacific and the South China Sea Islands Sovereignty Dispute over the rise of the two test. Facing the complex international market environment，Chinese enterprises are facing many risks in ASEAN Investment. Based on the analysis of the current situation of Chi-na's investment in ASEAN，this paper points out the risk types of China to ASEAN Investment in the new era，and finally puts forward the specific risk response strategies for the relevant risks.

Keywords ASEAN；Sovereignty Dispute；Investment Risk；Coping Strategies

2013 年 9 月和 10 月，中国国家主席习近平在访问中亚和东南亚国家期间，先后提出了建设"丝绸之路经济带"和"21 世纪海上丝绸之路"的战略倡议；同年 11 月，中国共产党十八届三中全会通过的《中共中央关于全面深化改革若干重大问题的决定》，正式将"推进丝绸之路经济带、海上丝绸之路建设，形成

---

* 赵伟，江西财经大学工商管理学院硕士研究生；宋丽丽，江西财经大学工商管理学院副教授。

全方位开放新格局"作为统筹中国全面对外开放的国家战略。由此,"一带一路"构想正式上升到国家战略高度,引发全球的广泛关注。

"一带一路"倡议以中国为中心,影响辐射范围横跨亚非欧三大洲,涉及 64 个国家和地区,是目前世界经济发展最为活跃、市场潜力最大的区域之一。东盟位于"一带一路"线路海上丝绸之路上,并且沿线港口是重要的节点,同时孟中印缅经济走廊与推动"一带一路"建设关系密切。东盟不仅在地理位置上与中国山水相连,并且各成员国大都地处国家海上交通要道,东盟地区的经济水平、政局、对华关系都将直接影响中国对外的经济、政治战略,是中国地缘政治、地缘经济的重要着力点。中国与东盟已经建立了包括上海合作组织(SCO)、亚太经合组织(APEC)、亚欧会议(ASEM)、中国—东盟"10+1"领导人会议在内的多边合作对话机制,中国与东盟的政治互信正在不断加强。截至 2014 年底,中国和东盟累计双向投资额超过了 1300 亿美元,中国已经成为东盟第一大贸易伙伴,同时东盟也成为中国第三大贸易伙伴。

尽管中国与东盟之间的双向投资额迅速增长,但是由于主权争端、政局动荡、文化差异等多方面因素的影响,中国企业在东盟的直接投资面临的风险也在与日俱增,并且形势更加复杂。对外直接投资风险给中国企业在东盟地区的生产经营带来的巨大挑战,同时也成为制约中国企业在东盟地区直接投资的主要因素。因此,在"一带一路"背景下中国企业必须充分认识海外投资风险,制定相应的防范措施,从而促进中国企业在东盟直接投资的顺利进行。

1. 中国对东盟的投资现状分析

根据商务部、国家统计局、国家外汇管理局 2016 年 9 月发布的《2015 年度中国对外直接投资统计公报》数据显示,截至 2014 年末,中国企业在东盟国家设立直接投资企业 3600 多家,雇用当地员工 31.5 万人,对外直接投资(Outward Foreign Direct Investment,OFDI)存量达 627.16 亿美元,占中国 FDI 存量总额的 5.7%,占亚洲地区投资存量的 8.2%,仅次于中国香港、开曼群岛和英属维尔京群岛、欧洲。此外,中国已经连续 6 年成为东盟最大的贸易伙伴,东盟连续 4 年是中国的第三大贸易伙伴、第四大出口市场和第二大进口来源地。

1.1　中国企业对东盟直接投资存流量状况

(1)中国企业对东盟直接投资存量快速增长,但比重增速放缓。

自 2003 年以来,中国对东盟直接投资增长迅速。2005~2015 年,中国对东盟 FDI 存量翻了近 50 倍。2015 年末,中国对东盟 FDI 存量达 627.16 亿美元,同比增长 31.67%,高于同期中国 FDI 存量增速(24.38%),增速位居中国企业主要投资地区前列。

如图 1 所示,2005~2015 年末,中国企业对东盟 FDI 存量从 12.56 亿美元增加到 627.16 亿美元,翻了近 50 倍。尤其在 2010 年中国—东盟自贸区正式成立后,中国企业对东盟 FDI 迅猛增长,2010 年末 FDI 存量同比增长 49.9%,至

2015 年末仍然保持高位增长，同比涨幅达 31.67%。但同时可以看出，东盟占中国 FDI 存量比重的增速在近三年有所放缓。

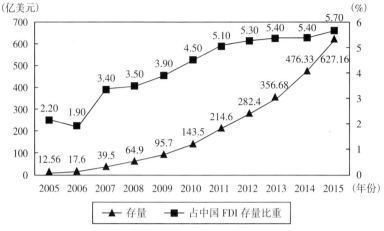

图 1　中国企业对东盟 FDI 存量状况

资料来源：根据商务部、国家统计局、国家外汇管理局发布的 2005~2015 年《中国对外直接投资统计公报》整理。

（2）中国企业对东盟直接投资流量增长迅速，但比重下滑。

1990 年以来，中国—东盟一直保持贸易友好往来，双边贸易额年均增长率超过 20%。尤其在 2010 年中国—东盟自贸区正式成立后，中国企业对东盟 FDI 流量迅速增长，根据 2016 年 9 月《中国对外直接投资统计公报》最新官方统计数据显示，截至 2015 年末，中国对东盟 FDI 流量达 146.04 亿美元，同比增长 87%，创历史最高值，占流量总额的 10%。

如图 2 所示，2005~2015 年末，中国企业对东盟 FDI 流量从 1.58 亿美元增加到 146.04 亿美元，翻了近 92.5 倍。从趋势来看，中国企业对东盟 FDI 流量占比

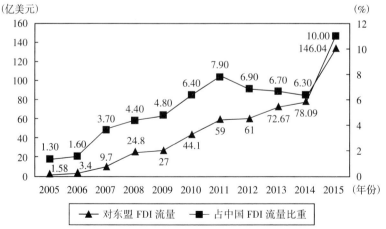

图 2　中国企业对东盟直接投资流量状况

资料来源：根据商务部、国家统计局、国家外汇管理局发布的 2005~2015 年《中国对外直接投资统计公报》整理。

（占中国 FDI 流量总额比重）逐年稳步上升，直到 2012 年开始出现下滑，并且 2014 年继续下滑，主要原因是中国加大了对中国香港、欧盟、开曼群岛、美国和澳大利亚等投资，但 2013~2014 年下滑趋势明显放缓，2015 年中国对东盟直接投资强势上升，创造了历史最高值。总体来说，东盟在我国企业对外经济合作的地位与日俱增，中国企业对东盟直接投资趋势在不断加强。

1.2　中国企业对东盟地区直接投资的地区分布

由于东盟各成员国经济发展水平和投资环境差异较大，导致中国对东盟地区的直接投资分布也是极不平衡的。目前，中国对东盟的直接投资主要集中在新加坡、印度尼西亚、缅甸、老挝等国。

如图 3 所示，截至 2015 年，中国企业对东盟十国 FDI 存量分布主要集中在新加坡（51%）、印度尼西亚（12.95%）、老挝（7.72%）、缅甸（6.79%）等国，其次是柬埔寨（5.86%）、泰国（5.49%）、越南（5.38%），对马来西亚（3.56%）、菲律宾（1.13%）的 FDI 存量相对较少，而文莱的 FDI 存量最少，并且在 2015 年出现了存量下降，只占中国企业对东盟投资存量的 0.12%。由此可见，中国对东盟的直接投资地区分布差异较大。

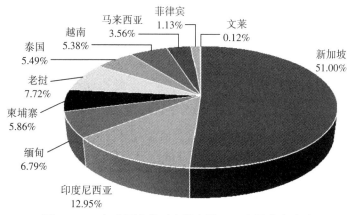

图 3　2015 年中国企业对东盟十国 FDI 存量分布比重

1.3　中国企业对东盟直接投资的行业分布

与东盟国家相比，中国在资源密集型行业的比较劣势突出，且随着中国产业结构升级，正逐步向东盟转移劳动密集型产业和具有相对技术优势的产业。因此，近年来，中国企业对东盟投资的行业分布主要集中在电力生产、采矿、批发和零售、制造、租赁和商务服务、建筑、金融等领域（见表 1）。

2011 年以前，从我国对东盟 FDI 流量主要行业分布来看（见表 1），对电力、热力、燃气及水的生产和供应业的投资相对保持较高位增长。但 2011~2014 年，FDI 流量增长最快的分别是农林牧渔业、制造业、租赁和商务服务业，涨幅分别达 312.1%、167.5%、118.5%，批发零售业和建筑业也有较大幅度的增长。但交

表 1　2008~2015 年我国对东盟 FDI 流量主要行业分布

单位：亿美元

行业　　　　年份	2008	2009	2010	2011	2012	2013	2014	2015
制造业	2.37	2.75	4.86	5.69	9.88	11.9	15.22	26.40
租赁和商务服务业	1.6	1.5	1.56	5.67	4.4	6.2	12.39	66.74
批发和零售	0.9	9.1	1.7	7.53	6.83	12.34	11.18	17.43
建筑业	1.63	1.82	3.46	4.43	6	7	7.97	5.73
农林牧渔业	0.4	1.1	1.68	1.9	3	5.43	7.83	5.04
采矿业	2.8	4.66	9	4.46	17.14	12.34	6.74	0.39
金融业	0.4	1.42	10.79	6.2	0.94	5.42	6.73	9.12
电力、热力、燃气及水的生产和供应业	11.76	3.5	7.9	10	10.82	8.22	6.46	3.11
交通运输、仓储和邮政	2.8	0.6	0.82	10.88	0.93	1.46	—	0.61

资料来源：根据商务部、国家统计局、国家外汇管理局发布的历年《中国对外直接投资统计公报》整理。

通运输、仓储和邮政业在经历 2011 年的投资高潮后，出现明显停滞。2015 年，租赁和商务服务业迅猛增长，成为中国对东盟直接投资流量最多的行业，占比达到了 45.7%，远远超过其他行业。2015 年末，中国对东盟直接投资排名前三的分别是租赁和商务服务业、制造业、批发和零售业。

2. 中国对东盟直接投资风险分析

伴随着"一带一路"倡议的纵深推进以及中国—东盟自由贸易区建设的日益成熟，中国对东盟地区的直接投资规模不断扩大。但是由于中国与东盟成员国在政治、经济、文化上的差异再加上区域外大国的强力介入，尤其是美国为了维持在亚太地区的战略地位，实现所谓的"亚太再平衡"，导致中国企业在东盟地区面临的投资风险更加复杂。

2.1　地缘政治所带来的主权争端风险

南海主权问题一直是阻碍中国与东盟国家经济贸易发展以及东南亚地区安全的第一大不稳定因素，其根源并非是中国在该地区的维权行动，而是中国的崛起打破了亚太地区权力结构的均衡，使得原本单纯是中国与东盟国家之间的主权问题掺杂了太多的地缘战略和地缘政治因素。南海地处太平洋与印度洋之间，是连接亚洲与大洋洲的桥梁，是亚欧、亚非贸易往来的海上交通要道，尤其对于中日两国而言更有特殊的地位，对于中日两国的"海上生命线"和"经济命脉线"具有极其重要的战略地位，是亚洲通向世界的海上"立交桥"。正是由于南海海域具有如此重要的战略位置，因此成为众多国家海上利益的角斗场，使得这一地区成为亚洲的"巴尔干"，越南和菲律宾等国正是垂涎南海丰富的油气资源以及重要的战略位置，不顾历史事实，多次侵犯中国领土主权，导致南海局势一度剑拔弩张。近日所谓的"南海仲裁案"被炒得沸沸扬扬，2016 年 7 月 12 日，菲律宾诉中国南海仲裁案仲裁庭作出非法无效的所谓最终裁决，对此中国多次声明，中国不接受、不参与菲律宾单方面提起的南海仲裁案，中国对南海拥有无可争辩的主权。

导致南海局势错综复杂的原因主要表现在两个方面：第一，中美日在南海的博弈日趋明显。2009 年以来，随着美国"重返亚太"战略的推进，美国不止一次阐述美国在南海所谓的"国家利益"，并通过联合军事演习和军事侦测行动继续加强其在南海的军事存在。除此之外，在舆论上支持东盟相关国家在南海问题上的诉求，污蔑中国是南海紧张局势的制造者，而对东盟相关国家侵犯中国在南海的合法权益视而不见，其目的是要遏制中国在亚太地区实力的增长。随着美国高调介入南海问题，日本也紧随其后，助推南海问题国际化，日本通过对南海相关国家提供援助，以期在南海问题上联合相关国家共同制衡中国。第二，相关小国利益的驱使。南海油气资源非常丰富，根据中国地质部门调查，整个南海至少有 250 个油气田，其中 12 个可能将成为大型油气田，以越南和菲律宾为代表依仗着美日等国的支持，多次侵犯中国在南海的主权，主要事件包括著名的南海"981"钻井平台冲突以及黄岩岛事件。大国竞争与小国利益驱使的"双层因素"导致南海的局势也在持续升温。

从国内层面上看，地缘政治所带来的领土主权争端风险容易导致国内民族主义情绪高涨，从国际层面来看，则会造成地区发展不稳定、国家间冲突加剧。因此，在这样的背景下，中国企业在东盟的直接投资将会面临很大的风险。

2.2 "反华""排华"行为造成的文化风险

在东盟各国的历史进程中，普遍存在的问题就是"华人问题"，尤其是在马来西亚和印度尼西亚。东盟的"反华"行为并非是孤立的个案现象，而是发展成整个东盟地区的"反华""排华"运动。例如，1997 年发生在印度尼西亚的"五月骚乱"事件，导致数万华人死伤，严重损害了当地华人的生命财产安全。2014 年，越南河内、胡志明等城市爆发大型反华游行示威活动，并且最后演变为暴力打砸事件，导致当地的华人企业直接经济损失达数十亿美元。这些大规模的"反华""排华"行为严重干扰了中国企业在当地的生产经营，威胁中国企业的海外直接投资安全。

东盟地区一系列系统性的"反华"行为并非是一朝一夕形成的，其背后有更加复杂的原因：首先，华人与东道国当地居民经济地位的差距，华人数百年来一直从事商业贸易，并且依靠这些贸易积累了大量的财富，甚至在某些地区华人已经主导了当地的经济，这也就导致了当地居民对华人的仇富心理；其次，宗教文化的差异，在东盟地区，华人与当地的宗教文化也存在着差异，总体来看，中国与泰国、老挝、缅甸等佛教国家的冲突，无非是经济差距的原因，然而在印度尼西亚和马来西亚，伊斯兰教处于强势地位，因此在这些地区文化冲突就显得尤为激烈，进而演化成大规模的反华、排华事件。在上述这些原因当中，经济地位的差距还是导致东盟国家产生反华势力的主要原因。东盟地区发生的反华行为严重破坏了东道国的投资环境，给中国企业对外直接投资带来巨大的潜在风险。

2.3　东盟成员国政局动荡风险

　　目前来说，东盟成员国整体政治局势还是比较稳定的，各成员国基本上都是以发展本国经济为首要任务。但是仍然有部分国家政局尚不稳定或存在不稳定因素。政权的更迭、反政府武装、恐怖袭击、政治体制的过渡都会给海外投资企业的经营带来风险。泰国、缅甸、菲律宾等国是目前东盟政治局势最不稳定的几个国家。在这些国家，政权的变化非常频繁，并且国内派系斗争复杂，时常导致领导人下台或国家体制发生改变。一旦东道国在政策上缺乏稳定性和连续性就很容易导致政府出现违约行为，使得中国投资者遭受重大经济财产损失。以密松水电站为例，缅甸密松水电站是中电投集团在缅甸投资建设最大的一座水电站。该水电站总投资额大约 36 亿美元。2009 年 12 月 21 日，密松水电站正式宣布开工建设。但是仅仅过了两年，2011 年 9 月 30 日，缅甸联邦议会就单方面宣布将无限期搁置密松水电站建设项目。由于前期已经付出了极大的投资，项目搁置导致中国企业损失惨重。无独有偶，2013 年中国参与廊开至帕栖高速铁路系统项目建设，以泰国农产品抵偿部分项目费用。泰国政府表示欢迎，并且将适时在 2013 年 10 月 11 日签署的《中泰政府关于泰国铁路基础设施发展与泰国农产品交换的政府间合作项目的谅解备忘录》基础上，与中方探讨相关事宜。这一合作方式被形象地形容为"高铁换大米"。然而事与愿违，2014 年 3 月，泰国宪法法院判决这一高铁建设项目违宪，这就意味双方达成的"高铁换大米"项目或被取消。

　　短短十多年时间，泰国就已经经历 7 位领导人的更迭；缅甸政府目前仍然处于与反政府武装的对峙当中；菲律宾国内反政府活动也是此起彼伏。因此，中国企业在这些国家投资面临的政局动荡风险远远大于东盟其他国家。

2.4　东盟成员国市场的差异性和不确定性风险

　　由于东盟成员国经济发展水平存在较大差异，这也造成东盟各国市场存在着较大的差异性和不确定性，主要表现在通货膨胀和外汇管理等方面。通货膨胀是全球性经济问题，在东盟一些欠发达和发展中国家表现得尤为严重。以越南为例，2011 年，越南国内通货膨胀率连续 11 个月上升，突破 22%，远远高于亚洲其他国家，虽然近几年来，越南国内经济增长稳定，但是通货膨胀压力依然巨大，2014 年年均消费价格指数（CPI）涨幅达到 4.09%。物价水平的大幅度波动对越南宏观经济环境造成不良影响。居高不下的通货膨胀率不仅严重损害了东道国的整体经济，而且破坏了东道国的投资环境，给国际直接投资带来巨大冲击。虽然这几年东盟经济持续稳定发展，通货膨胀率得到了一定的抑制，但是发生高通胀的风险依然存在。

　　东道国的外汇政策也是海外直接投资企业考虑的重要因素之一，主要是因为在企业的收支、外汇交易过程中，东道国汇率的变化经常会影响到企业的净外汇现金流量和本外币的利润等。由于东盟各国货币并未统一，因此中国企业在东盟进行直接投资时将会涉及不同国家的货币，也就表示东盟各成员国的外汇政策将对中国企业对东盟直接投资带来很大影响。例如，缅甸实行严格的外汇管理制度以及汇率双轨制，官方的汇率与市场汇率严重背离，因此汇兑风险非常高。尽管其他国家的汇率与美元直接挂钩，但是受国际经济形势影响，也会存在很大的汇率风险。

3. 中国企业对东盟直接投资风险规避措施

3.1 构建多重合作机制，妥善解决南海争端

中国与东盟自 1991 年开启对话进程，经过 20 多年的共同努力，双方政治互信明显增强，经贸合作成效显著，其他领域也在不断拓展和深化。针对目前中国与东盟相关国家关于南海主权争端问题，双方在政治层面应该主动加强对话，积极协商相应解决方案，避免双方发生直接冲突。中国与东盟应该在《南海各方行为宣言》的基础上，冷静对待南海争端与冲突、增强政治互信、和平解决争议、共同维护地区稳定。要积极推动构建中国—东盟命运共同体建设，2013 年 10 月，李克强总理在第 16 次中国—东盟领导人会议上，提出"深化政治互信、聚焦经济发展"两点政治共识，表明中国希望加强与东盟在各领域的友好深化合作，致力于推动双边关系稳步发展。在政治领域，中国与东盟应该在巩固原有对话平台的基础上，继续保持双边高层次交流与合作，不断深化政治互信，推动双边关系持续稳定发展。

在经贸合作领域，中国与东盟在原有贸易合作的基础上，致力于打造升级版的中国—东盟自贸区。双方要充分认识到中国—东盟自由贸易区的重大意义，继续保持深化合作，全面推动和发展双边贸易合作伙伴关系。切实执行《货物贸易协议》《争端解决机制协议》等自贸区协议，针对双方在合作中出现的新情况、新问题，要共同采取措施积极应对，持续巩固双边合作发展关系。

中国与东盟通过在政治、经济领域构建多重合作机制，共同致力于打造中国—东盟命运共同体，深化务实合作，妥善管控分歧，继续坚持在双边框架下进行沟通和对话，争取以和平谈判协商解决南海争端。

3.2 制定灵活的生产经营策略，建立多元化的风险转移机制

中国企业对东盟进行直接投资，首先要制定灵活的生产经营策略，建立起多元化的风险转移机制，以应对各种潜在风险，实现企业效益最大化。

第一，从融资主体、融资方式等方面实现多元化。除使用母公司的资金外，还应拓宽东道国政府以及东盟其他国家或地区的政府和金融机构等融资渠道，既可以发行股票、债券，也可利用银行贷款或商业票据，运用货币互换等金融创新工具进行不同的货币融资，以分散风险。

第二，在生产销售上实现多元化，中国企业可以将产品的原材料和零部件来源地分散在东盟不同的国家和地区，将产品生产的各环节安排在生产成本最低和

最有效率的子公司所在国，实现资源在东盟地区的最优配置，以分散东道国国有化风险和市场风险。根据东盟各国经济发展水平差距较大、社会文化背景截然不同、消费者对产品需求多样性的现实情况，研发满足不同层次、不同背景目标群体需要的产品，从而有效规避市场风险。

第三，充分运用转移价格以规避风险。如果企业在东盟国家遇到不可避免的重大投资风险，可以低价将公司的物资卖给其他子公司，从而可以实现资金的有效转移，化解遭受破坏、没收等风险，并安全地收回投资及利润。同时为了避免因汇率波动而蒙受损失，中国企业可以在公司内部支付时间上做出变动和调整，提前或推迟付款时间。如果东盟国家对外资企业实行外汇管制，对子公司汇出的利润在数量上加以限制，则可通过转移定价降低该国子公司的利润，将部分利润作为价款转移至母公司或其他海外子公司。

3.3　扩大人民币结算试点范围，推动人民币国际化进程

在国际经济交往中，交易双方一般都乐于选择可自由兑换的货币作为交易计价货币，既有利于交易者调拨和使用资金，也有助于投资者降低和规避外汇风险。战后出口导向型经济发展模式的盛行，使东盟各国都特别依赖美国市场，长期的对美贸易顺差积累了大量的美元储备，加之东盟各国基本上实行与美元挂钩的汇率制度，美国经济一有风吹草动，就会引发这些国家经济的狂风暴雨。一直以来，中国企业在东盟的直接投资都以美元为结算货币。美国经济的下滑、东盟各国对美国的依赖无疑成为中国企业在东盟直接投资的双重隐患。为了从长远范围内有效规避随之引发的政治风险和经济风险，要继续加大人民币结算试点范围，推动人民币国际化进程。

3.4　大力改善对外直接投资环境

良好的对外直接投资环境对企业的发展和投资起着至关重要的作用。不同于国内的投资，企业在国外的直接投资遇到的不稳定因素更多，单凭企业自身的力量难以维护投资环境。中国政府应该积极参与同东盟之间的双边或多边合作机制的构建，为中国企业创造良好的投资环境。由于政治体制和意识形态的差异，不少东盟国家一直不正视中国经济的发展，甚至是对中国企业的对外直接投资表现出敌视和反对的态度。因此，中国政府应该积极在国际上树立良好的国家形象，与东盟各国展开包括经济贸易在内的合作，这样会很大限度地降低中国企业的对外直接投资风险。

中国政府通过与东盟国家建立友好的合作关系可以为企业对外直接投资创造良好的投资环境，企业在对外直接投资过程中要遵守双边与多边的投资协定，这样对于处理好价格、汇率、劳资关系等方面的问题以及避免双重征税具有重要作用，可以有效帮助中国企业对外直接投资的顺利开展，降低投资风险的发生。除了利用其他国家的双边或多边贸易保护机制，还应该从法律的角度出发，签署投资国与东道国之间的投资保护协定，在这种情况下，一旦发生投资风险，东道国也需要对企业发生的损失进行补偿，有效保护对外直接投资企业在东道国的合法

权益。

中国与东盟的经济交流离不开双方民众的沟通和了解，双方的人文合作直接关系到经济合作、政治合作能否取得预期成果，虽然近些年来，中国与东盟在文化、传媒、教育等领域开展了广泛的合作，并且也取得了一定的合作成果，但是总体来说，在人文方面的交流与合作和经济领域相比明显存在着不足。因此，中国政府和民间团体应推动中国与东盟地区的双边文化交流，通过举办文化年、文化展等多种形式，深化中国与东盟地区的文化交流，加深东盟地区民众对中国的了解，有助于维护中国在东盟地区良好的投资形象，将中国与东盟的睦邻友好关系根植于广大民众，能够有效改善中国企业对东盟地区的投资环境。

3.5 建立健全对外直接投资保险机制

建立健全对外直接投资保险机制是处理企业在对外直接投资过程中出现的风险的一种有效措施。一般来说，对外直接投资保险机构是以国家和政府为后盾投资建立的，当企业在对外直接投资中发生投资风险时，可以直接向投保机构进行理赔，减少因为投资风险发生而给企业造成的损失。但是企业在对外直接投资保险机构进行投保时需要符合对外投资保险机构的资格限制。

2001 年，由中国政府出资的中国出口信用保险公司（简称中信保）成立，该公司的主营业务就是为中国企业对海外投资提供担保或保险服务以及对外投资信息咨询和风险管理等。然而，该公司对投保人、投资项目、承保险种都有着非常严格的规定，无法满足中国对外直接投资企业的需要，并且在承保险种中只明确了包括征收、政治暴乱在内的四种保险险种，由于国际投资环境变化非常快，面临的风险种类也非常多，一旦发生其他投资风险，对企业造成的损失也是不可估量的，因此，较少的担保或保险机构以及单一化的保险险种，严重制约了中国企业对东盟地区的直接投资。

因此，中信保可以根据中国对东盟地区的投资现状和发展情况，在原有业务范围的基础上进一步放宽投保人、投资项目等条件的限制，这就使得中国更多优秀的民营企业也能得到相应的保障，增强民营企业对东盟地区的投资信心。

除此之外，中国还应该鼓励更多的商业保险公司加入投资保险行业当中，通过引入相关的竞争机制，可以显著推动中国对外直接投资保险业务的健康发展，为更多的对外投资企业提供更加优质的服务，有利于保障中国企业对东盟地区的直接投资。

中国应建立健全对外投资保险的法律法规，保障企业对外直接投资活动的顺利进行，要完善相关的法律制度，明确对保险机构有关投保人、承保险种、理赔事项等的相关规定。目前，我国还没有完全针对对外直接投资建立起来的法律法规。法律能够对境外投资保险提供法律依据，保证对外投资保险制度的顺利实行，如果企业在投资过程中再发生投资风险，也可以得到相应的赔偿，有助于推动中国对外直接投资活动的顺利开展。

参 考 文 献

李晨阳、邵建平. 2011. 区域外大国对南海争端的介入及其对我国维护南海主权的影响. 昆明理工大学学报，（5）：19–25.

梁静波. 2013. 中国企业海外投资的政治风险与对策. 经济理论与实践，（4）.

王晓蓓、李俊. 2011. 中国对东盟直接投资区位选择的影响因素. 东南亚纵横，（12）：15–19.

韦大宇. 2014. 中国企业对东盟直接投资的风险与规避策略探析. 对外经贸实务，（10）：77–79.

徐莉. 2012. 中国企业对外直接投资风险影响因素及控制策略研究. 济南：山东大学.

许宁宁. 2012. 中国与东盟关系现状、趋势、对策. 东南亚纵横，（3）：51–55.

郑莹、阎大颖、任兵. 2015. 制度壁垒、组织学习与中国企业对外投资区位选择. 对外经济贸易大学学报，（2）：47–56.

中国金融新闻网. 2015. http：//www.financialnews.com.cn/jj/hg/201508/t20150824_82711.html.

中华人民共和国商务部、中华人民共和国统计局、国家外汇管理局. 2015. 2014 年度中国对外直接投资统计公报. 北京：中国统计出版社.

周五七. 2015. "一带一路"沿线直接投资分布与挑战应对. 改革，（8）：39–47.

朱锋. 2015. 南海主权争议的新态势：大国战略竞争与小国利益博弈——以南海"981"钻井平台冲突为例. 东北亚论坛，（2）：4–15.

邹嘉龄、刘春腊、尹国庆等. 2015. 中国与"一带一路"沿线国家贸易格局及其经济贡献. 地理科学进展，（5）：599–605.

公共危机管理信息滞后的社会危害及消解

刘俊玲 *

【摘要】公共危机管理对于各国政府来说都是要重点关注的一个领域，政府信息传达与及时公开情况对公共危机管理具有重要影响。信息滞后会加剧公众恐慌心理，不利于塑造政府诚信形象，降低公共危机管理的效率，不利于公共危机事件的预防。我国公共危机应对中信息滞后的原因主要是我国政府在及时公开信息认知、信息沟通、监督机制、法律制度等方面存在一定的障碍，因此可以进一步从树立及时公开意识、扩大公开方式、完善法律法规、强化监督、培养信息管理人才等方面消解信息滞后所带来的社会危害。

【关键词】公共危机；信息管理；滞后性

The Social Harm and Dispelling of Public Crisis Management Information Lag

LIU Junling

Abstract　Public crisis management is an important area of governments' attention. Governmental information communication and timely disclosure have important influence on public crisis management. Information lag will exacerbate the public panic, it is not conducive to shaping the image of government integrity, reducing the efficiency of public crisis management is not conducive to the prevention of public crisis. The main reason for the lag of information in China's public crisis is that our government has some obstacles in timely publicizing information cognition, information communication, supervision mechanism and legal system. Therefore, in order to avoid the bad effect on social, we can further establish the awareness of public, expand public way, Regulations, strengthen supervision, training information management personnel and so on.

Keywords　Public Crisis；Information Management；Hysteresis

　　目前，由于社会环境中各种不确定因素的增加，我国社会公共危机频发，危机形式明显增多，危害也明显增大，越来越具有一定的普遍性。公共危机事件会

---

* 刘俊玲，广州大学公共管理学院硕士研究生，研究方向：公共管理与公共政策。

对社会的许多方面造成负面影响，包括财产的损失、社会秩序的混乱、公众的恐慌以及身心的损害等，而及时的信息传递可以减缓公共危机事件对社会带来的危害，因此，需要加强政府对公共危机的信息管理。在实际社会中，信息滞后现象严重制约着对公共危机的有效管理，加重公共危机事件的社会危害性。及时的信息传递是提升公共危机管理效率的重要因素，理论与实践上的需要促使政府积极探索有效的对策消解信息滞后性问题，提升对公共危机的管理。

1. 公共危机管理信息滞后及其社会危害

公共危机管理信息滞后，指的是对发生在社会公共领域，干扰社会的正常运行，严重威胁社会公共利益和公共安全的一种突发状态的管理，由于信息传递、公开得不及时，信息传递的介质出现状况以及种种原因导致的信息接收对象晚于正常时间接收信息，产生信息滞后。公共危机管理信息滞后会带来严重的社会危害，主要有以下几点：

1.1　造成公众恐慌心理，谣言传播，社会动乱

公共危机事件发生时，会在短期内大范围地影响公众安全，威胁到公众利益、生命和健康，使公众处于担忧和慌乱中，公众对官方信息的需求极度增加。公共危机事件发生之后，民众最愿意听到的无疑是政府及时公布的真实、准确的相关信息。若政府不能够及时将信息公开给民众，社会上各种有关消息就会层出不穷。尤其是在当下网络全面普及化的情势下，信息的传播速度很快，一传十、十传百，由此所造成的严重后果包括社会公众的恐慌心理以及各种不安，很有可能会发生更严重的事件，使危机的发展陷入不可控状态，还有可能使得社会公众思想行为由良性转变到非理性。山东问题疫苗事件中，2016 年 3 月 18 日人们开始关注问题疫苗事件，因为媒体的部分虚假报道，引起大众恐慌。而一周之后，2016 年 3 月 24 日政府才举行记者招待会介绍相关情况，若政府在事件发生之初，开展相关新闻发布会，如实公布疫苗情况，事件将会得到良性发展。

1.2　不能够保障公众的信息知情权

民众对信息的需求在危机时期更加迫切，这时就需要政府积极地履行自己的职责，及时地公布与公共危机相关的信息，一是可以将危机控制为向良好的方面发展，二是保持社会的正常运行，稳定发展。社会在不断地进步，人们的思想、意识也在不断地产生变化，当代社会，人们越来越渴望当家做主，希望政府能够做到公正透明，保障公众的信息知情权。公共危机事件的突发性，使得公众对于事件的关注度比较高，大家希望能够了解真实、准确、权威的与事件有关的信息，如果政府不能履行好应尽的职责，便会造成更加严重的后果。2005 年的哈尔滨停水事件，由于事情发生得很突然，而且哈尔滨市政府在事情发生后的 8 天里都没有公布信息，所以各样流言在民众之间相互传播，出现了民众纷纷到市场上抢购纯净水和食品的现象，甚至有部分居民选择先居住在外地。在公共危机发

生时，政府如果不能够及时地将相关信息传递给公众，那么公众就不能够清楚了解危机事件的整个状况，有可能会做出一些错误的应对措施，这样不仅满足不了大众对于不同层次信息的需求，也不利于整个危机事件的管理，没有保障到公民的信息知情权。

1.3　降低危机管理效率

在公共危机发生之后，要想保证社会秩序的稳定，政府需要高效率地发挥其领导和指挥能力，而政府的领导能力不仅需要依靠政府自身所具有的权威性与强制性，公众的拥戴和支持也是其能否得到有效执行和贯彻的重要方面。只有政府在公共危机发生前后，及时公开相关信息，使民众可以很快地了解、支持，进而服从政府安排，协助政府解决危机。这样，政府对于公共危机事件的管理就会变得非常有效率和事半功倍，工作也能够顺利开展。一方面，政府通过将信息及时地传递可以把公共危机的整个发展态势传达给民众；另一方面，民众可以将自己对危机的意见与观点通过信息的传递及时反馈给政府，为政府的下一步行动提供参考。但是，政府如果处理不当，就会影响对整个危机事件的管理，民众不能及时了解事件的发展状况，政府各组织之间信息不能及时地上传下达，也不能及时地进行有效的处理公共危机，信息滞后会降低整个公共危机管理的效率。2011年的动车事件由于有关部门未意识到事态的严重性，没有及时召开新闻发布会，之后又对事故发生的经过及原因说明得十分模糊，甚至是对事件的真实信息进行封锁，在社会上造成很大的慌乱，影响了政府对整个事件的管理效率。

1.4　不利于塑造政府诚信形象

信息及时的公开是塑造政府形象的一个重要举措，在公共危机发生时，由于其突发性和危害性，社会上的大众很难分析到危机的各个方面，很多人会认为公共危机发生后的负责人应该是政府相关部门。作为信息沟通和危机管理的组织者和动员者，政府在第一时间将事件相关信息发布给公众，可以与公众建立良好的信任关系，塑造良好的政府诚信形象。在公共危机发生之后，作为官方信息的发布者，政府应及时、真实地传达相关信息，让媒体在尊重事实的前提下进行信息的传播，不但对公共危机事件的有效处理有帮助，更有益于彰显诚信、负责的政府形象。2008年6月28日，贵州爆发了"瓮安事件"，因为政府和公安部门没有将案件的实际进展情况及时公布给公众，也没有对公众的议论和社会上的谣言给予解释，因此才造成相信谣言的人们跑到县公安局、县政府和县委大楼，打砸办公室，并放火烧毁多间办公室和车辆这一严重情况的发生。如果政府不能及时地传达信息，民众就会产生对政府的不信任感，不利于政府树立良好的诚信形象。

1.5　不利于公共危机事件的预防

在公共危机发生之前即萌芽状态，政府就应该把危机事件消灭，可以通过有效的预防和事先的准备。政府在公共危机相关信息的采集、整理以及制定一些预防策略上有着很大的资源优势。政府可以通过对危机预兆、相关信息等有可能的威胁进行关注与分析，及时地向公众传达相关信息，告知社会公众可以采取哪些正确行为，以此来增加公众防备公共危机事件的风险意识。在公共危机事件发生时，公众个人如果能够正确地预防与采取行动，那么成功应对公共危机事件的概率则更大。要想把公共危机对社会造成的破坏降到最低，可以通过对公共危机做到准确的了解，及时采取合理的预防措施。个人在危机面前都是渺小的，只能靠政府带领大家与危机抗衡、度过危机。2013 年的上海松江区死猪事件，很多网友在网络上纷纷对死猪事件表达了自己的观点，无形中把公共危机事件的影响范围又进一步扩大，将该事件直推至各大报刊及网站的新闻头条。但是，政府对于此次事件的态度却让人大跌眼镜，只是简单地做了回答，而且表露出想要推脱自己责任的意图。这样公众不仅不能了解事件的真实情况，更不利于下一次类似公共危机事件的预防。

2. 公共危机管理中信息滞后的原因分析

在公共危机事件的管理中，有效的信息传递是解决危机的重要途径，信息公开的及时和透明可以有效地减少危机的持续时间，但是在现实生活中，如表 1 中发生的公共危机事件，因为政府的不当处理，产生的种种谣言，在社会上造成很大的影响。往往由于各种各样的情况，导致信息的滞后、传递不及时，信息公开的及时性和透明度还需要进一步的提高。

表 1　公共危机事件产生的谣言以及政府的相关行为

年份	事件	谣言	政府行为
2016	山东问题疫苗	疫苗未冷藏流入 18 省份，或影响人命	一周后才在记者会介绍相关情况
2013	上海松江死猪	担心死猪会有瘟疫，水质会受到污染	只是简单地做了回答，而且表露出想要推脱自己责任的意图
2011	温州动车事故	大事故死亡人数上限为不止 35 人，高铁司机培训只有 10 天时间	信息发布不及时、信息公开不透明、解释不够合理
2008	瓮安事件	受害人是被奸杀后投入河中，元凶是县委书记的亲侄女，受害人的叔叔在与公安人员的争执中被打死	认为信息的公布可以缓一缓
2005	哈尔滨停水	吉林石化爆炸后污染了松花江，所以市政府要停水	没有说明停水原因，只下发了通知

具体来看，公共危机管理中信息滞后的主要原因有以下几点：

2.1　政府公共危机管理中对及时公开信息存在的认识误区

一方面是观念落后。我国政府官员中有一部分人的民主观念尚浅，"官本位"思想比较严重。观念上并不能完全意识到政府及时公开信息是政府应承担的义务，不重视公众的知情权，对于很多应该及时公开的政府信息认为不需要或有意隐瞒。而相关工作人员对于信息的关注度、有效识别度远远不够，缺乏对信息及时有效收集的相关技能。另一方面对及时公开信息在认识上存在一定的误区。政府在处理公共管理危机事件时，总是想着要先将事情的前因后果清楚了解后，再向社会发布危机事件的相关信息。在公共危机事件刚出现时，有些相关官员会想着如果对公共危机事件了解得不够清楚就将信息公开，可能会增加危机的影响范围，一旦出现处理错误，就很有可能造成更大的恐慌。在"山东问题疫苗""哈尔滨停水"等事件中，当地政府官员都没有意识到事件的严重性，进行事件报道比较晚，中间的时间产生了大量谣言，引发一定程度的社会恐慌。这归咎于当地政府对于公共危机管理及时信息公开的意识不强，处理方式不够合理。

2.2　公共危机管理中政府信息沟通不畅

一个国家的政府可以掌握一个国家 80% 的信息，相当于是一个集搜集、分析、公布于一体的信息机构。然而因为我国政府各单位对于政府及时公开信息的认知、公开的渠道、公开的标准、所了解到的内容等方面有着很大的不同，所以各自在及时公开信息之间缺乏标准性和协调性。而且，有些地方政府部门存在着严重的地方主义倾向，为了自己部门的利益，将信息纳为私有，不肯将信息报给上级政府或对公众公布，这样就会出现信息及时公开有先有后、公布不统一的现象，使得公开的信息很混乱，有的还相互矛盾。而媒体不仅可以帮助政府发布信息，还可以搜集到公众反馈的信息，在政府与公众沟通之间起到重要的桥梁作用。我国公共危机管理信息沟通不畅主要体现在：一是在各级政府的沟通上，没有一个规范的公共危机管理机构，造成我国政府之间在垂直与横向上沟通受阻，信息传递存在滞后性。二是在政府与媒体的沟通上，政府看重的是媒体的传播渠道广泛、宣传功能较强，忽略了媒体所具有的真实、客观、准确地传播信息的基本作用。三是在媒体与公众之间的传播上，媒体只重视发布相关信息，却没有做到对公众信息接受情况进行反馈。总之，高效、及时的信息传递需要政府、媒体和公众之间协调的沟通合作关系。

2.3　责任监督机制尚待健全

在我国，目前也有一些对公共危机中政府信息及时公开的责任与监督的规定，但是这些规定并不能起到很好的效果，很多是注重表面，不能形成一个严格的责任监督机制。部分政府官员在公共危机信息及时公开的过程中，缺乏自我约束与监督，会比较看重一些量化的结果，以此来衡量绩效，却较少关注效益、影响、质量等方面的考核。《中华人民共和国政府信息公开条例》虽然明确规定了各级机关在违反该条例的规定时应该承担的相关后果，但在实际实施过程中，政府在监督上往往扮演着选手和裁判两种角色，很难做到有效的外部监督，包括上级机关的监督和社会监督，因此外部监督机制的不完善使得责任机制在具体实施上会受到主观的限制。公共危机事件的出现在政府来看总代表着坏事的出现，政府部门相关领导要为此承担相应的责任，这会对政府官员的政绩产生直接的影响。所以，政府官员在公共危机事件发生之后，一般会选择隐瞒或者晚点再将信息公布，他们也清楚隐瞒信息如果被查出后要承担的后果，但是如果及时公布相关信息所带来的负面作用大于隐瞒所导致的后果，那么他们还会选择不及时公布信息。

2.4 相关法律制度不健全

我国目前还没有出台一部专门针对政府在公共危机中及时公开信息的法律，只是在《传染病防治法》《突发公共卫生事件应急条例》《防震减灾法》《发布地震预报的规定》等部门法规中有所涉及。但这些法律有专门的针对性、覆盖面较窄、稳定性不足、实践性和可操作性还有待完善，使得政府部门有很多可以进行自由裁量的地方，有些部门还以此作为不及时公布信息的借口，给公共危机事件的有效管理带来了很大阻碍。从当前形势来看，我国政府目前所执行的《中华人民共和国政府信息公开条例》是我国唯一一部对及时公开公共危机相关信息的法规制度，但是该条例从严格上来说又不算是一个明确的法律规定，不具有法律所具备的合法和独立性。这样无形之中使某些政府部门在处理公共危机事件时对于信息的及时公布具有了更大的自由裁量权。另外，由国务院制定的《国家突发公共事件总体应急预案》，虽然也对政府应该怎样在公共危机事件发生时做到及时公开相关信息提出了一些要求，但是具体实施上仍然需要一定的时间验证，也需要在实践的基础上不断更新和完善。

2.5 政府公共危机信息管理人才不足

政府部门虽然能够不断地收集、分析、储存信息，是我国最大的信息机构，但因为信息不公开、公开不及时，许多优质的信息得不到充分的利用，从而严重浪费优越的信息资源，许多信息高度集中在政府手中，但对外信息透明度却很低，这在处理公共危机事件时表现得尤为明显。其原因主要有：一是一些政府官员对于公共危机信息管理能力思维方式落后，缺乏对整个事情紧急性、破坏性、前瞻性的意识，对于信息舆论的敏感性和获取能力尚有所欠缺。在公共危机发生时，不能够及时地收集信息，意识不到危机的严重性，错过了发现、研究信息的最佳时机，产生公共危机管理信息的滞后性。二是政府官员缺乏信息管理相关技能，对于很多信息无法进行合理的选择，在信息的上传下达中也存在一些阻碍，表达与协调能力有待进一步加强，与外界沟通的渠道上不能仅仅停留在电视、广播，应充分利用网络平台提高信息的及时传递性。

3. 消解公共危机管理中信息滞后的对策

公共危机的管理涉及社会上的很多主体，包括政府、媒体、公众等，信息滞后性又给社会带来一定的危害，政府的合理行为对解决信息滞后性起到很大的作用。如表 2 所示，部分公共危机事件发生时政府对信息处理得比较及时、合理，使事件得到一定的控制，并往良性方面发展。

要想解决公共危机管理中信息的滞后性，主要可以从以下几个方面来解决：

表 2   公共危机事件中政府信息公开之举及成效

年份	公共危机事件	信息公开之举	成效
2003	SARS 事件	中央电视台《面对面》节目一共对钟南山等相关人物做了八天的专访，实时对公众传递信息	减缓了社会慌乱与谣言的传播
2005	禽流感事件	一些领导人物在禽流感期间，率先吃鸡肉	告诉大家高温杀毒后的鸡肉可以食用，不会感染禽流感，消解了社会上一些虚假谣言传播导致的社会慌乱
2008	"5·12" 大地震	（1）政府与移动、联通、电信等通信运营商合作，及时地将地震最新情况发送给公众 （2）设立灾情电话热线，公众可直接打此电话向政府了解最新的灾情	及时传递灾情的相关信息，遏制谣言的传播
2010	青海玉树大地震	铁道部在震后第二天即向社会公布玉树段铁路可正常进行，灾情控制范围广，扩至全国；新浪门户网站设立"玉树"专题，公众可以在上面传递最新的灾情信息	政府有着全局管理意识，及时传递信息
2013	青岛输油管道爆炸	习近平总书记专程前往灾区，考察抢险工作，慰问伤员和救援人员；新闻办公室利用微博及时传递消息	政府在一线进行指挥，展现榜样作用，信息传递及时，减少社会恐慌

3.1   树立及时公开信息意识，转变错误认知观念

长时间来看，政府以及相关部门安于求稳，在不能完全掌握公共危机事件的来龙去脉之前，政府部门一般不会决定向公众公布相关信息，担心会给社会公众带来不必要的慌乱。然而随着社会网络化的不断发展，公众越来越重视知情权，遵循以人为本的原则，保障社会公众应享有的权益，必须要培养及时公开信息的意识，及时传递公共危机事件相关信息，保障民众的信息知情权。在山东疫苗实践中，政府未能在第一时间发布消息应对此事，并详细说明情况，造成了一定程度的社会不安。事件在网上热议几天后，公安部、计生委、食药监总局才对此事举行联合记者会介绍相关情况，而公众对于事情的真实情况才有所了解。因此，树立及时公开信息的意识需要以提高全民的知情权意识为基础，政府相关部门要转变错误认知，通过各种途径对社会公众进行宣传教育，利用电视媒体、平面媒体、网络等多种渠道的优势，加强民众的信息知情权意识，争取使全社会都能具有公共危机事件的及时公开信息意识。

3.2   扩大政府及时公开信息途径

要扩大政府及时公开信息的途径：一是可以发挥传统途径与现代化技术相结合的效果。在保留部分传统信息公开方式的同时，还要充分使用现代化资源，如QQ、微信、微博、政府门户网站等方式及时公布相关信息，从而更好地实现公共危机信息公开的及时性。二是要健全政府新闻发言人制度。应逐步成立一个新闻发言人的追查责任制，对于不能够及时公布相关信息和有意隐瞒、虚假上报的，可以据此追究相关负责人的法律责任，从而保证信息公开的透明化、信息的

及时公开。三是要充分发挥第三部门的作用。在公共危机管理中第三部门与传统的政府部门相比更具有自由性和随机应变性，而且可以凭借自身具有的优势，及时进入公共危机管理过程，为社会提供一些必要的服务，如抗灾救灾、资金资助、呼吁号召、提供心理辅导等。这样，无形中就给政府相关部门带来一定的工作压力，可以督促其认真、及时公开信息工作，形成良好的信息及时公开机制。

3.3 建立并完善相关的法律法规

及时地应对突发公共危机事件，是我国政府应当承担的责任。但是，要让政府所应承担的责任成为其积极主动的必然行动，还是需要以法律的名义将这一责任确定下来。要制定统一的信息及时公开法。在信息及时公开法中应当明确规定信息及时公开的程序、信息能够公开的范围、信息及时公开的标准以及政府不能够及时公布信息所应承担的后果等，使政府管理透明化。要制定紧急状态制度，政府危机管理中必须有一套完善的、系统的紧急应对制度作保证，以约束政府机关及其行政人员的执政行为，确保指挥系统与紧急应对程序的正常运行。同时，要建立公共危机信息处理的补偿机制。政府在解决公共危机事件时造成的破坏，特别是出现为了减少更大损害而由政府出面做出决策的改变，以及对部分地区带来一些主观造成损害的情况，这时政府应该建立一些关于政府公共危机管理的补偿机制，对做出正确让步的行为进行一定的补偿，这不仅对处理公共危机事件有利，还可以提高政府的诚信度，保障信息的及时公开。

3.4 强化及时公开信息的外部监督

要保证政府能够及时公开信息，需要一些外部监督，主要的外部监督有以下几种：一是强化权力机关的监督。我国人大具有很高的权威性，人大代表具有民主性，所以有信息及时公开监督工作方面的优势。要想实现立法机关的信息监督作用，需要以保证信息及时公开的目的下，设立专属的人大监督委员会，并批准其有独立的监督权，使其直接归人大常委所管并向其负责。二是强化上级行政机关的监督。上级行政机关因为自身的领导关系需要对下级行政机关进行相关的监督，使其在上级机关的带领与监督中，能够做好公共危机事件的及时公开信息工作。三是强化社会的监督。政府要服务的对象是社会上的民众，要及时了解民众的意见，发现自身在及时公开信息上存在的不足之处。积极鼓励民众发现、反映问题，督促政府在及时公开信息工作上做到更好。四是强化媒体的监督。媒体可以被看作是连接政府与民众的纽带，在信息沟通上有着重要的地位，本着公平、公正的态度，要对政府在公共危机信息及时公开上的违法或不当行为进行曝光，严守自己应有的监督职责。

3.5 培养公共危机信息管理人才

信息无处不在，但在进行具体的收集和整理之前，其本身并不具有任何价值，因此需要相关的人才通过现代化的技术对信息进行管理，从而在有限的信息基础上有效地进行公共危机的管理与决策，所以应逐步提高信息管理人员的水平。首先，要培养他们先进的思维方式。可以通过专门的训练，促使信息管理人员接受先进的知识，提高其对信息感知的敏感性，具有信息及时管理的思维，并利用信息的手段进行信息的及时沟通与传递。其次，培养相关信息技能。如信息收集技能，在复杂的社会中，可以及时、准确地收集到相关信息；处理技能，主要体现在对信息的整理上，进行不同需求信息的筛选并作出准确的分析判断；交流技能，具有高效交流的能力与技巧，不仅体现在工作内部与上下级、同事的交流，还包括对外向公众进行信息的沟通与传递，利用书面与口头沟通、网络与平面沟通结合的优势，准确、及时地传递公共危机管理中的相关信息。

参 考 文 献

蔡建霞. 2015. 政府危机管理中新闻传播作用研究. 科技传播，（1）：11–20.

冯湘君、蒋冠. 2010. 公共危机管理中政府面向公众的信息沟通机制探析. 情报资料工作，（6）：41–45.

何光英. 2010. 公共危机管理中政府信息缺位和失语原因探析. 天府新论，（4）：99–101.

金马鸣. 2011. 我国公共危机信息公开制度存在的问题与对策. 改革与开放，（6）：13.

李锦华. 2015. 公共危机管理过程中政府信息公开的作用研究. 云南档案，（11）：55–57.

李雁英、朱芳、张迈. 2012. 公共危机管理中的信息管理研究. 图书情报工作，（1）：217–219.

刘倩. 2014. 国家治理现代化视域下地方政府危机管理困境及其破解. 云南行政学院学报，（6）：143–145.

孟祥宇. 2013. 公安基层领导在危机管理中的媒体应对策略. 理论观察，（1）：27–29.

茹梦丹、姬雄华. 2015. 风险社会下政府公共危机管理的困境与对策分析. 南方论刊，（3）：35–37.

王敏、覃军. 2012. 网络社会政府危机信息传播管理的困境与对策. 当代世界与社会主义，（1）：127–132.

文显平. 2013. 政府危机管理中的信息公开问题. 重庆行政（公共论坛），（5）：28–30.

熊枫. 2015. 基于大数据时代的政府危机信息管理研究. 兰州学刊，（5）：193–197.

公共政策设计的优化：嵌入渐进主义决策模型

——以上海市社区事务受理服务中心为例 *

李 杰 朱珊珊 **

【摘要】公共政策的设计是一个渐进的、不断修正的过程，按照林德布洛姆提出的"渐进决策"模式的观点来看，任何公共政策都需要一个"渐进调试"的过程，尤其是影响面较大的公共政策，在价值与手段之间要不断磨合，寻求稳中求变的原则，才能探索出一套优化的公共政策。另外，公共政策设计也要转变原来的传统观念，要从原来的单向的程序性政策设计转向结果导向，充分考虑政策客体的需求，对原有政策进行不断的修正和完善。政策设计主要是研究公共政策所能解决实际问题的内容，政策修订是为了谋求政策质量的改善。本文以上海市社区事务受理服务中心政策调整为例，通过案例分析法，利用"渐进决策"理论模型来分析公共政策设计的优化演绎过程和由此带来的政策制定主体与客体之间关系调和，实现公共政策执行的过程优化。

【关键词】公共政策；林德布洛姆；渐进决策理论；社区事务受理服务中心

Optimization of Public Policy Design：Embedded Gradualism Decision Model

—Based on Shanghai Community Affairs Acceptance Center

LI Jie   ZHU Shanshan

Abstract　Public policy design is a process of gradual, continuous correction, according to Lindblom proposed mode of "Theory of incrementalist policy-making" point of view, any public policy needs to be a "progressive" debugging process, especially the larger public policy effective, between the value and means to constantly break-in, seek stability change principle, to explore a set of optimization of public policy. In addition, public policy design to transform the old traditional concept, to result from the original one-way procedural policy design to guide, taking into full

---

* 本文为国家社科青年基金项目（编号：12CZZ043），提升基层政权组织公信力研究阶段性成果。

** 李杰，江西财经大学政治学理论硕士，研究方向：基层治理和公共服务；朱珊珊，江西财经大学教育技术学硕士，研究方向：教师培训与教师管理。

consideration the needs of policy object, the original policy continuously revised and perfected. Policy design mainly is the study of public policy can solve the problem of actual content, policy revision is to seek the improvement of the quality policy. In this paper, this policy adjust based on Shanghai community affairs acceptance center, through thecase analysis, the theory of "Gradual debugging" model is used to analyze public policy design optimization of deductive process and the harmonic relation between subject and object of policy making, implementation of public policy implementation process optimization.

Keywords　Public Policy; Lindblom; Theory of Incrementalist Policy-Making; Community Affairs Acceptance Center

1. 引言

渐进主义决策模型是一个在理性决策、有限理性决策理论基础上不断修正完善的理论模型，也是政策科学这门应用性学科诞生以来，在多学科背景的冲击和磨合下逐渐在公共部门普遍受到欢迎并且适用性强的决策模型。而"政策科学（公共政策分析）是第二次世界大战后首先在美国兴起的一个跨学科、综合性的新研究领域"。因此，渐进决策的发展也是一个新兴的决策理论，需要在过去的基础上不断修正和完善。因为政策制定影响着一个国家的未来走向，特别是公共政策的影响面十分巨大，它是为了解决国家发展过程中存在的基本问题，为了公共利益并且在符合现实需求的基础上以文本形式、法律法规或者通知等形式呈现的决策并且落实到现实场域中。然而，政策制定者并不能凭借其睿智做出一个完美的决策，现实中主客观环境的限制决定了"理性决策"模型适用范围之狭窄。诸如做出的规划、计划实则是对政策的不断修正，公共政策议程并不是稳固不变的，它应该随着时代的需求不断调整去适应国家的政治结构、社会需求和经济发展。政策科学的奠基人哈罗德·拉斯韦尔认为，政策科学所关注的是政策科学的知识，即公共决策过程的知识，由此可知，政策制定和修正是一门科学，应该关注这一过程中的验证模式，并且观察其政策议程的变化会给国家的发展带来哪些实质性的影响，是否助推社会经济的发展，推动国家治理能力和治理体系现代化发展。

公共政策设计是政策科学的核心主题。不仅包括政策制定，也包括政策的修订和不断完善化、科学化，公共政策议程是一个动态变化的过程，政策制定者应该把握住政策制定前、执行过程中以及政策评估规律和演变过程。公共政策设计的演变过程主要经历了六个阶段：理性决策模型、有限理性决策模型、渐进决策理论模型、混合扫面模型、垃圾桶决策模型和新古典理性模型。本文主要运用渐进主义决策模型来分析社区事务受理服务中心决策模式朝向科学化、修正方向转变，并将其作为理论支撑，试图阐释渐进决策理论的适用性和科学性。以下主要是简单梳理一下其他集中决策模型的主要观点，并不做详细的赘述。

1.1 理性决策模式

理性决策模式的主要观点是："①决策者知道所有同具体问题有关的目标；②所有有关问题的信息都是可得的；③决策者能辨别所有的选择；④决策者能有意义地评估这些选择，即研究选择的结果并加以衡量和比较；⑤所有的选择能最大限度地夸大决策者指出的价值。"主要代表理论是古利克的"POSDCORB"决策模型，即计划（Planning）、组织（Organizing）、人事（Staffing）、指挥（Directing）、协调（Coordinating）、报告（Reporting）和预算（Budgeting），"它表明组织能够通过系统的计划、决策、选择、调整、补充以及预算来最大限度地表现它们的行为"。理性决策模型是一种比较理想主义的决策理论，也是一种规范性理论决策。从主要观点分析，理性决策模型是在亚当·斯密经济人理性的基础上所形成的，追求社会效益的最大化，在个体理性的基础上所得出的比较科学的决策。然而"市场失灵"或者"公共政策失灵"打破了经济人理性假设理论的完美性，并且在实践中，完全理性决策模型并不具备所有条件去支撑它的运转。

若要选择一个合乎完全理性的决策模型，决策者需要做到"①了解所有的社会价值及其相对权重；②了解可以获得的所有备选方案；③知道每一个备选方案的所有结果；④计算每一个备选方案的收益与成本之比；⑤选择其中最有效的政策方案"，并形成一个完整的决策理论系统和框架（见图 1）。

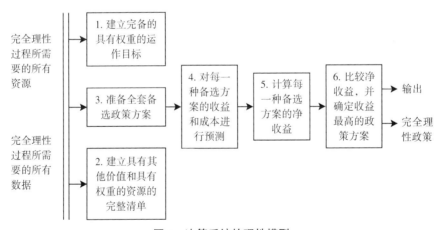

图 1　决策系统的理性模型

资料来源：［美］托马斯·R. 戴伊（Thomas R. Dye）. 理解公共政策 ［M］. 谢明译. 北京：中国人民大学出版社，2011.

但是，完全理性决策面临着很多重要的阻碍，主要代表性观点是西蒙的"有限理性"决策模式，该决策模式对理性决策模式进行了批驳，主要包括"①决策者事实上并不具有有关决策状况的所有信息；②决策者处理信息的能力是有限的；③决策者在有了有关决策状况的简单印象后就行动；④决策者的选择行为受所得信息的实质和先后次序的影响；⑤决策者的能力在复杂的决策状况中受到限制；⑥决策行动受到决策者过去经历的影响；⑦决策行动受到决策者个性的影响"。西蒙的批评主要在于决策信息的不对称方面和人自身的缺点，以及主客观环境的局限，事实上完全理性决策模式在和平年代和大多数决策场景并不能一以贯之。

1.2 有限理性决策模型

在完全理性决策主义模型的基础上，西蒙提出的有限理性决策主要是针对完全理性决策的缺陷所发展起来的，在其批判的基础上形成了独特的理论体系。他认为，"行政理论所关注的焦点，是人的社会行为的理性方面和非理性方面的界线，行政理论，是关于意向理性和有限理性的一种独特理论——是关于那些因缺乏寻求最优的才智而转向满意的人类行为的理论"。因为经济人假设的最大化原则在管理心理方面和客观的社会、政治和经济方面存在阻碍，那种追求效率最大化的完全理性决策模式并不是最优原则，"不应把效率'原则'当成原则，而应看成定义：它是'好的'或'正确的'管理行为的一种定义。它并没有阐明应该如何获得最大成就，只是说明，成就最大化是管理活动的宗旨，以及管理理论必须揭示成就最大化成立的条件"。因为"经济人"假设所依据的"客观理性"是不存在的，西蒙提出了运用"行政人"取代经济人的观点，并用"令人满意的"准则代替"最优化"准则，所谓令人满意的准则是指，"在决策时决定一套标准，用来说明什么是令人满意的最低限度的备选方案，如果拟采用的备选方案满足了或者超过了所有这些标准，那么这个备选方案就是令人满意的"。有限理性决策认为决策者不可能掌握所有的信息，并且决策者还会受到主客观条件的限制，只能在众多备选方案中选择符合满意准则的决策。

1.3 混合扫面决策模型

这种决策模式是在"理性决策"模型与"渐进决策"模型之间的一个综合，既不是理性决策模式的"经济人"假设，也不是渐进决策模式小心翼翼的修正和坚持稳中求变的原则，"最适宜的决策包含粗略地找到选择的方法（'扫描'），然后通过详细的探索找到最有价值的选择。这样做带来的创新要超过渐进模型，而又不会造成理性模型强加的不现实要求"。也即通过粗选的方式，从多个备选方案中选择相关性较高、有一定价值的决策模式，通过科学分析并结合现实选择最有价值的决策模型。

1.4 垃圾桶决策模型

科恩、马奇和奥尔森认为"有组织的无序"有三个普遍的属性，分别是未定的偏好、不清楚的技术和不固定的参与。鉴于这三个属性中的参与者不固定，所以在决策过程中出现"漂进漂出"的现象，"从一个决策到另一个决策、从一个时间到下一个时间，参与者都在变化"。于是"贯穿这种组织或决策结构的是四条分离的溪流：问题、解决办法、参与者以及选择机会"，决策在"垃圾桶"之间来回摆动，或者不断有决策流入同一个"垃圾桶"，在一个完全分离的没有秩序的组织之中摆动，"其中的问题在寻找解决问题的方案，解决问题的方案也在找寻问题"，"在此，人们并没有着手解决问题。更通常的情况是，解决办法搜寻问题。人们只是在问题、解答和参与者在某一选择情景中的特定结合，使其在可以解决问题时才去解决问题"。垃圾桶决策模型看上去没有规矩秩序可言，然而在不断寻找问题的过程中总能解决问题和发现新问题，是一种独创性的决策模型。

1.5　新古典理性模型

布坎南是新古典理性模型的代表人物，他提出的"公共选择理论"（Public Choice Theory）认为，人们是追求最大化利益的"经济人"，当成本高于收益时，人们不会选择去行动，他们追求最大利益直到受到抑制。公共选择就是政府的选择，该理论就是以"经济人的假定为分析武器，探讨在政治领域中经济人行为是怎样决定和支配集体行为，特别是对政府行为的集体选择所起到的制约作用"。布坎南在公共选择理论的基础上引出了"政府失败"的观点，探讨为何政府在很多领域无法兼顾公平，无法实现资源有效配置从而求助于市场。

基层公共服务越来越成为国家关注的部分，基层是最接近底层人民群众的界面，我国自 2004 年以来提出建立服务型政府到现在已有十几年的时间，虽然在各个方面都取得了实质性的进展，然而随着市场经济的发展，我国居民生活水平的提高，对公共服务的要求也随之增高，切实改变不符合实际的公共服务供给模式已成为当下最为迫切的任务。本文在深入调研的基础上，通过一个小的切口——上海市社区事务受理服务中心作为观察对象，致力于得出从受理中心建立政策的提出，到政策不断修正取得的实际效用，通过将实际与决策理论相结合，解释渐进决策模型对于我国基层公共服务水平提高带来的好处，以及说明渐进决策理论将持续适用于我国未来的发展。

2. 渐进主义：一种决策理论的修正和渐进主义模型

2.1　一种决策理论的修正

林德布洛姆（Lindblom）是"渐进决策"理论的奠基人，渐进决策理论是在"理性决策"和"有限理性决策"的基础上形成的，并且对其进行了一定的继承。渐进主义认为一个决策的形成或者政策议程备选既不是完全理性的，因为"决策者不需要每年都做如下的事情：检查所有现行的政策和提出的政策建议；确定社会目标；研究其他可供选择的政策方案的收益和成本；根据净收益的最大化程度，排列所有备选方案的优先次序；在考虑所有相关信息的基础上作出政策抉择"，也不是"满意准则"的产物，它应该是在"元政策"的基础上不断修正、不断完善，以适应社会发展的政策。渐进主义决策是一种保守的决策，它坚持"积小变为大变"原则、"稳中求变"原则和"按部就班"原则，这种看似微妙变化的原则，也许没有理性决策那般完美和果断，但是随着时间的推移，产生的效果却常常是理性决策无法实现的。

第二次世界大战结束后，世界上多数国家的社会秩序处于稳定的状态，理性决策模型的特性决定其不再适用于具有稳定政治基础的国家和地区，或者说这些国家和地区对于理性决策模型的运用没有渐进决策那般普遍。公共政策议程设定作为影响国家秩序稳定的重要因素，在选择决策模式上应该坚持适度原则，冒进思想并不适用于所有阶段。政策在一定程度上也是制度的表现形式，是制度可操作化的表现，按照新制度主义的观点，制度决定人们的行为和选择，乃至价值取向。在当今时代背景下，公共政策的制定就是维护制度正常运转和促进经济发展，尽可能缩小贫富差距，实现公共服务"均等化"目标。因此，林德布洛姆的"渐进决策"理论成了一个国家稳定发展的最佳政策导向和借鉴模式，一个完整的政策过程已经不仅仅是分离的制定和执行，一项政策应该是一连串过程的整合。当然，这并不是否认上文所提到的几种决策模型，时代特征决定了政策模型是不断变迁和发展的。笔者认为，渐进决策模型在一个国家发展到一定程度，政治稳定、经济发展水平平稳时，是最佳选择。从当今世界来看，整体上是和平的，后殖民国家的发展决定了渐进主义最终成为流行的决策理论。渐进决策是继完全理性决策和有限理性决策之后，为适应国家经济发展所需要而出现的理论模型，是一个经过不断修正和完善的，并且具有可操作性的决策模型，一个国家的整体发展方案适用于渐进决策模型。

2.2　渐进决策的主要内容和模型

渐进主义就像我国古代儒家"中庸"的思想，既不冒进，也不保守。是一种对原有政策的不断修正和完善，重视政策的修修补补，在政策执行的过程中，通过完善信息反馈机制、政策诊断机制，及时对原有政策的不足进行修正。因此，所谓渐进决策就是"决策者在决策时在既有的合法政策的基础上，采用渐进方式对现行政策加以修改，通过一连串小小的改变，在社会稳定的前提下，逐渐实现决策目标"。林德布洛姆认为渐进决策应该遵循合法性原则，也即政策的修订应该是在合理合法的基础上进行的，应该通过征求领导、专家和公民参与决策修正，公共政策的修正需要科学性和民主性，必要时可以举行"决策听证"，在此基础上开启政策变更和修正。这是渐进决策和理性决策的根本区别。

林德布洛姆认为，之所以是渐进式的、合法性的和一连串小小的必要的修改，主要是"决策者并不是面对一个既定的问题，而他们必须对自己的所谓的问题加以明确并予以说明；决策分析并不是万能的，对一项复杂的决策来说，分析是永远没有穷尽的，有时或许还会造成错误，而且在现实的决策中，也不可能漫无止境地分析下去；决策受到价值观的影响"。个人的主观性、决策环境的复杂性都是制约决策者做出正确决策的因素，重大决策在全面推行前需要进行试错，在保证可操作性强的前提下才能全面推进，保证政策的科学合理。

渐进决策需要遵循三个最基本的原则：第一，按部就班。按部就班不是贬义词，而是在一定的制度框架内，根据实际情况，对原有政策的小小修改和完善，遵循已有的规律，不做大的突破，不冒进，坚持实事求是，制定出符合实际发展需求的政策。第二，稳中求变。根据政策环境，决定政策是否需要修正。第三，小变到大变。通过政策小小修改，当时机成熟时，一项政策会更加完善，产生巨大的作用，最后产生根本性变革。按照哲学上所说，事物通过量变达到一定程度以后就会发生质变，绝对的一次性质变面对更大的挑战，可能并不适应环境的需要。可以通过一个决策理论模型形象化地体现渐进决策框架（见图 2）。

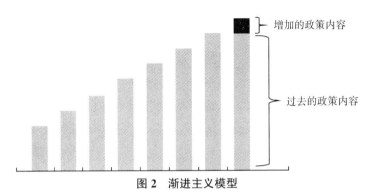

图 2　渐进主义模型

资料来源：［美］托马斯·R. 戴伊（Thomas R. Dye）. 理解公共政策［M］. 谢明译. 北京：中国人民大学出版社，2011.

　　由图 2 可知，渐进主义模型是一个持续渐进的过程，追求的是一种稳定的政策修订，对于公共部门来说，稳定秩序是最重要的，基层政府的改革应该把坚守稳定作为底线，"渐进主义对于减少冲突、维护稳定、保持政治体系自身秩序都是特别重要的"。现在世界发展的多元化，价值体系的不稳定也决定了，在没有完善的政策替代以前，根本性的改革是不可取的，维护原来的决策、适度的修改才是妥善之举。另外，受政策环境、主体和客体、改革风险的制约，渐进决策往往是基层政策制定和议程重置的最优选择，也是最稳妥的选择。该模型的持续性变化说明了事物是不断发展变化的，政策修订和完善说明了人类社会不断发展和进步，增加的政策内容是为了满足时代需求做出的调整。下面以上海市社区事务受理服务中心政策修正和政策执行优化为例，阐释渐进主义决策模型在基层公共服务和社区事务办理运用方面的成功典范。

3. 渐进主义决策模型修正：从"多门"到"一门"再到"一口"式受理的政策修正

3.1　上海市社区事务受理服务中心的历史沿革

　　1996 年召开的"上海城市社区工作会议"，明确提出了建立城市现代化管理体制的指导思想和奋斗目标，"两级政府，三级管理"的主要任务和政策措施得到进一步的明确。第三级的主体"街道"与以往相比，承担起越来越多的公共服务职能，社会职能由"单位"转向"社区（街道）"。上海市从 1995 年起在 10 个区 10 个街道试点中将部分半行政化的管理和服务职能转移到社区事业单位，成立专业服务所，如劳动保障所、社会救助所等。新成立的这类机构由街道提供部分经费，承担原来由街道有关科室承办的社区服务、民政救助、劳动就业、社会保障等事业性管理职能。这是一种典型的多门式受理服务方式，居民通过"走多家门办一件事"，办事效率不高，政策实用性不强。

"多门式"受理社区服务的决策在政策执行的过程中出现了很多弊端，比如效率低、程序烦琐以及居民抱怨越来越多，这样的现象引起区政府和街道的重视，为了深入推进社区工作行政机构改革，率先规范行政事务的受理方式，区政府会同社区内各行使政府管理职能的工作部门和办事机构建立"社区行政事务受理中心"，把一些基本服务职能集中到了一个"门"内，初步解决了老百姓办事"多门"的问题。

与多门式受理服务相比，重新制定政策建立的"一门式"受理服务中心有很多优势，"一门式服务整合了原有分散的多个部门，加强了相互协作，提高了服务效率，受到了辖区居民的欢迎。许多需要会同民政、劳动等多个部门参与的社区业务，通过协同、配合，联动掌握全面的业务信息，各部门就能共同协商解决。联动协同机制的建立，提高了政务受理和事务服务的便捷性、透明度和亲和力，帮助群众解决了身边的'急、难、愁'问题"。这一政策的修正，切实改变了原来的执行方式和办事方法，除了无法整合到同一个"物理空间"的社区事务和服务，其他的事务办理和公共服务可以在同一个空间享受，大大缩减了办事时间，提高了办事效率，这一政策调整不仅给居民带来方便，还有利于国家公信力的维护。

综上所述，可以概括出社区事务受理服务中心的较为官方的阶段性定义是"为了推进公共服务型政府的建设，将市、区政府各部门依法规定在街镇设立的各类受理事项和出证事项由原来各职能部门分门受理，集中为一处进行受理，并由街镇实行内部综合管理。中心按照'让市民少跑一趟路、少跨一个门槛、少走一道程序'的要求，在对办事和审批流程进行优化的基础上，通过电子政务平台、现场服务平台、电话咨询平台，为居民提供前台一口综合受理、后台网络联通协办的社区事务'一门式'服务"。出发点是以方便居民办事为主，致力于建立标准化、高效率的基层公共服务，积极响应我国21世纪初期提出的服务型政府建设理念，上海的特殊性决定了这一政策调整和实验性模式将会成为未来国家推行基层公共服务改革的范式和借鉴的标杆。

3.2　公共政策修正的三个阶段

（1）渐进调试：从"多门"到"一门"式受理。1998年，上海市卢湾区五里桥街道首创了社区事务受理中心"一门式"服务，把涉及居民日常生活和社会保障的社区事务集中在一个办事大厅，设置了28个接待窗口，每月接待居民一万多人次，大大加快了居民办理事务和接受服务的速度，解决了原来存在的"脸难看，门难进，事难办"的局面。在以前，基层政务事务办理项目按条线分散在劳动、民政、计生、工商、房管等不同的办事机构，每个办事项目平均需要5个步骤，多的甚至需要22个步骤，市民办事往往要来回跑多个地方，再加上信息不对称、告知不清、办结时限过长、标识不规范和亲和度不够等情况，给市民办事带来了极大的不便，"一门式"受理建立以后，相关的事务办理基本集中到一个

"门"就能完结，实现了"多门式"受理到"一门式"受理政策方向的转变，政策执行效率大大提高。

（2）旧有决策回归：准民政服务。2000 年社区建设，中办、国办转发了《民政部关于在全国推进市社区建设的意见》（中办发〔2000〕23 号）把社区卫生、社区治安、社区环境、区文化并列于社区服务，上海市民政局基层政权和社区建设处设立了上海社区服务办公室。原本分属各行政条线主管的社区服务项目逐渐分离出去，而此时，在 20 世纪建立的社区服务联席会议制也已消亡，并在上海市民政局基层政权和社区建设处设立了上海社区服务办公室，但很难真正协调各委办局的相关业务。从这一点可以看出，政府领导层面缺少组织参与以及行政推动重心转移是导致这次变革的重要原因。公共选择理论的"经济人"假设在这里得到了展现，旧有的政策变更牵扯到某一些部门的利益，使得原来还没有完全制度化的政策化为泡沫，政策恢复到以前的模式，基层公共服务改革僵持了几年时间。

（3）渐进决策理论模型的成功转型："一口式"受理服务。2006 年出台《上海市人民政府办公厅关加强和推进社区事务受理服务中心建设的意见》，该意见指出，"各街道、镇（乡）应设置'一门式'服务机构，作为街道办事处、镇（乡）政府领导的事业单位，具体承接政府部门为社区群众提供的各类政务服务，统一冠名为'××区（县）××道（镇、乡）社区事务受理服务中心'，简称受理中心，并统一机构标识 2006 年上海已经开始要求在各区全面改建和新建社区事务受理服务中心"。"一门式"社区事务受理服务中心以政策文件的形式落到实处，政策规定每个街道（镇）根据实际需求建立一个"物理空间"作为接受社区居民办理事务的平台。2010 年 2 月 5 日，市质监局、市民政局与黄浦区人民政府联合召开新闻发布会，宣布《社区事务受理服务中心建设服务规范》地方标准将于 2010 年 4 月 1 日起正式实施。这一规范的颁布，标志着全市"中心"的运行有了统一的运作标准和运作机制。"一门式"服务得到更大的推广，主要包括：粮油帮困、计划生育、开业指导、就业服务、廉租房、住院理赔、居住证、社保卡办理等 200 项左右，在原来的基础上作出了决策变更，通过文件规范将社区服务"一口式"受理落实到政策内容中，体现了政策的科学性和有效性。

4. 渐进主义决策模型嵌入：政策执行的优势比较

4.1　从"多门式"到"一门式"受理

（1）定义："多门式"受理指的是对于办理一件事或者同一项服务，社区居民需要根据不同的流程到不同的部门完成相应的认证或盖章，这种办理事务的方式会出现"门难进""脸难看"和"事难办"的三重困难。在执行政策的过程中，由于对办理人员缺乏明确的制度监督，无形中给居民办事带来阻碍，有些社会保障类服务不能及时获得办理。而"一门式"受理相对来说比较透明化，将所有社区基本事务集中到一个"物理空间"，事务办理流程更简化，所谓"进一家门办百件事"。"一门式"受理指的是将居民最常需要办理的事项和居民最基本的服务集中在一个物理空间，居民只需要进入一个"门"就可以办理很多基本事务。

（2）"一门式"受理拓扑图和业务流程图。信息技术的发展是"一门式"受理得以发展的保障，"一门式"受理的运作程序主要靠信息互联网将原来分散在各部门的门户网站相关信息整合在一起，实现信息技术化治理。要保证信息共享机制，政策设计过程中需要考虑周全，要建立完善的信息安全管理机制，"明确信息共享范围，完善信息共享方式；健全网络环境、软件系统、硬件设备和人员操作等方面的安全制度和解决方案，定期组织开展信息安全风险评估，确保受理中心信息网络安全。加大对信息管理违章违法行为的责任追究力度，保护国家和公民的信息安全"。在信息技术的支撑下，能够建立起一个完整的网络架构，保证社区事务受理服务中心办理事务时能够随时查到政策信息，加快办理事项的效率（见图3）。

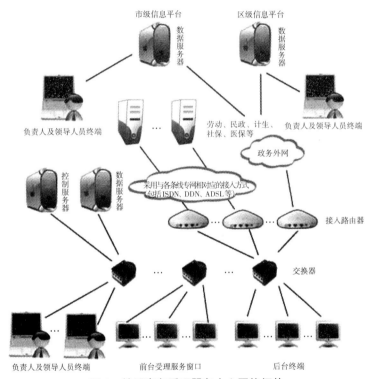

图3　社区事务受理服务中心网络拓扑

资料来源：上海市质量技术监督局关于发布《社区事务受理服务中心建设服务规范》上海市地方标准的通知，2009年12月31日。

通过信息技术打通各部门之间"各自为政"、信息堵塞的局面，在中心工作的人员由各条线部门下派具有专业知识背景的人才。决策议程通过以后，建立社区事务受理服务中心网络拓扑图，每一个"前台受理服务窗口"通过交换器对应相应的网站。比如，办理无工作单位的伤残人员损坏换证的申请，对应的是民政局的网站，简单的事项民政局下派人员就可以通过固定IP访问网站，查到申请者的相关信息，再根据《军人抚恤优待条例》（国务院、中央军委令第 413 号）；《伤残抚恤管理办法》（民政部令第 34 号）等文件对应给申请者办理。如果事项过于复杂，需要等待几日的，可告知办理者。"一门式"受理中心很好地将市级信息平台和区级信息平台整合在一起，实现办事效率高效化、便民化。

那么，与网络拓扑图这一后台运作网络对应的是"一门式"受理中心的业务流程图，业务流程图体现的是具体办事流程，能比较形象化地看出社区事务受理服务中心的运作机制和运作模式，也体现了"一门式"受理的特点（见图 4）。

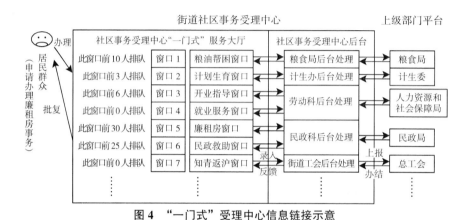

图 4 "一门式"受理中心信息链接示意

资料来源：朱月明. 关于社区事务中心向"一口式"受理转变的可行性研究［J］. 产业与科技论坛，2011（7）：230–231.

从图 4 可以看出，"一门式"受理中心信息链接有两个阶段：一是各个不同服务类型窗口的"社区事务受理中心后台"；二是链接到对应的"上级部门平台"，获得信息。"街道社区事务受理中心的'一门式'服务的受理窗口有：粮油帮困、计划生育、开业指导、就业服务、廉租房、民政救助、知青返沪、失业登记、失业保险、社会保障、医疗事务、住院理赔、居住证、社保卡。"比如需要办理《上海市流动人口生育联系卡》，需要到图 4 的"计划生育窗口"排队办理，窗口工作人员是区计生委下派到中心的，根据《上海市外来流动人口计划生育管理办法》（上海市人民政府第 61 号令）、《流动人口计划生育管理和服务工作若干规定》（国家人口和计划生育委员会 2003 年第 9 号令）给予办理。从"多门"到"一门"式受理是社区事务办理的一个转型，是决策者在不断探索社区治理过程中的政策修正，是随着上海市市场经济的发展，公民需求水平的提升，在原有政策基础上做的调整，也是渐进决策理论操作化的功效。

4.2 "一门式"受理的缺点

任何公共政策的制定都不是完美的，政策的缺陷需要在运行的过程中不断反馈才能发现，"一门式"受理尽管有上述所列举的诸多优点，但是在运行过程中还是暴露出不少缺点，机构部门运作的缺点恰好反映了政策制定并不适应"理性决策"模式所主张的能够制定出完全符合需要的决策。"一门式"受理在运行的过程中，也即政策修订后机构运行暴露出了很多弊端，比如"前台、各个窗口之间相对独立，各窗口业务内容也相对独立、单一；后台、各项业务办理流程工序不统一，数据也没有统一的平台使其做到共享、共用。而因为不同时间段，单位时间内各窗口间业务量不均，往往造成有些窗口排队量大、等候人数多，有些窗口排队量小、等候人数少，造成了人员的闲置及社区居民大量长时间等候，不仅浪费了政府资源，还没有达到方便居民、让居民满意的效果"。具体来说，"一门式"受理的缺点主要有以下几点：

（1）运行机制没能摆脱部门条线约束。社区事务受理服务中心建立初期的"一门式"受理有一个体制性弊病，那就是条线下派人，各窗口办理不同事务，于是各自为政、互不沟通，社区事务受理服务中心属于街道所辖的事业单位，但是同一个单位的人员之间并不归属于同一个部门管理，出现了"多头管理"的现象。单位人员是各上级职能部门下派到受理中心的，这样就不能很好地实现信息共享，相互之间的沟通也存在问题。比如"中心办理低保的居民成分都很复杂，有的是外来妹、外来嫂，有的是失业人员、协保人员（协议保留劳动关系的人员）等。这些人员的情况很难全面掌握。如居委会无法查实外来妹的收入情况，协保人员的档案还在单位，居委会也无法核实，还有失业人员，他们的档案材料在劳动部门。所以，如果这几类人想要在'一门式'服务的模式下申请低保，要经过很多审查程序。如果他们在居委会的管理之下，就要到居委会去盖章；劳动部门，就到劳动部门去盖章"。只有这些信息和证明都准备齐全，中心才能办理，这就浪费了时间，给申请者带来损失，也降低了服务的效率，违背了政策制定的初衷。

（2）网络不兼容，工作无法统一安排。比如"上海市计划生育、民政事业、劳动保障等各有一套独立的网络专线系统，他们只给每个街道或镇事务受理服务中心具体的工作人员一个固定的 IP、固定的用户名和口令，使用的计算机和网络也是由各个条线独立安装不同的应用系统，导致网络配置和人员安排无法统一调度"，通常需要三个人用三台计算机来完成这分属三条线的事情。为了对应上级垂直管理部门的任务，受理中心不得不开设多个窗口，分为不同的办事项目，比如办理退休手续就要分别在三个窗口排队，向办事人员描述三次、填三次表，有可能因为顺序搞错而重新排队。

（3）人员的"多头管理"。窗口人员都归属不同的上级条线部门，而且窗口人员有社会工作者（聘用）和事业编制人员两种，"分别对应劳动局、民政部、信息委、综治办、工会、计生委、医保局、司法局、信访办、残联、街道办事处11 个部门，由街道各职能科室具体按对口条线进行管理。同时，不同部门聘用的人员薪酬标准各异，各有九种不同的待遇。各主管部门分别按不同的方式下拨工作经费，有的属于'万人就业项目'，有的直接与网络工作记录信息挂钩，经费直接到人。'费随人转'的情况比较多，'费随事转'的原则得不到充分体现"。这种集中在一个物理空间工作，却不受一个单位管理，并且待遇不统一的方式并不能够长久生存，它不符合机构改革的需求和高效化运行的选择。

4.3　公共政策优化：从"一门式"到"一口式"受理

（1）"一口式"受理的定义和业务流程图。原有公共政策弊端的暴露决定了政策修正的必然性，如果单纯的是制度固有弊端，那就很难变革，但是可操作性强、一般性的政策是可以调整的。在信息技术的支持下，实现信息共享、实现统一管理并且打破条线束缚是适应居民需求和社会发展的。2005 年，按照上海社区建设扩大试点的要求和上海社区信息化建设的安排，上海部分街道的社区事务受理中心开始探索从"一门式"服务向"一口式"受理转变，建立"前台一口受理，后台内部协办"的工作机制，并且将"业务窗口"改成"综合窗口"。所谓的"一口式"受理是指"多渠道单一前台的公共服务模式，其特点是服务主体多元化、服务前台单一化"。和"一门式"受理相比较，"综合窗口"的工作人员需要具备"全科医生"的素质才能胜任工作需求，也就是说，不单设窗口对应唯一的服务事项，"一口式"受理实现了进一家门，在一个窗口就办理百件事的可能，如图 5 所示。

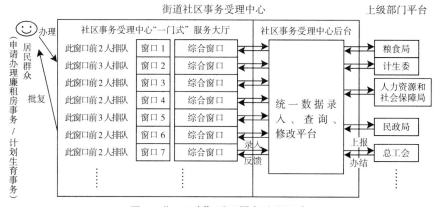

图 5　"一口式"受理服务流程示意

资料来源：朱月明.关于社区事务中心向"一口式"受理转变的可行性研究 ［J］.产业与科技论坛，2011（7）：230–231.

图 5 表明，"一口式"受理方式完全打破了原来对应的后台处理中心的阻隔，综合窗口可以直接链接到上级部门的相应信息平台，查询到申请者的相关信息，打破了信息壁垒，这得益于信息技术的发展、政策的修正和完善，构建了一个数据互通、资源整合、优化配置的政务协同平台，大大方便了居民办事，"通过提高政府办事效率，均衡各接待窗口的工作量，从而方便居民减少其排队等候时间。居民办理多项不同业务时，不需要在各窗口间来回奔波，反复排队。特定居民在某个窗口前的等待时间等于各窗口前办理业务人员的平均等待时间"。和谐有序的事务办理，比"一门式"受理节约了更多的时间，不再需要重复排队。

另外，社区事务受理服务中心逐渐实行了"六个统一"，即统一招聘、统一考核、统一调配、统一培训、统一管理、统一待遇，从"多头管理"向"一头管理"转变，是社区事务受理服务中心最大的政策优化和政策调整，也是中心走向更加规范化、秩序化的标志，社区事务受理中心的重要性也得到凸显。

（2）政策完善："一口式"受理的优点。"一口式"受理是在"一门式"基础上进行改进的，是在以信息技术发展为支撑的背景下，整合各部门之间的信息，于同一个窗口综合办理多项业务和享受多重服务的模式。与"一门式"受理相比较，节约时间、节约成本、质量提高、服务水平高等都是"一口式"受理的优点。原来办理多样事务需要到多个窗口排队，现在只需要到"综合窗口"就可以办理中心规定的各项事务，这就节约了大量的时间；办理事务需要时间，时间本身就是成本，设置"综合窗口"对工作人员要求很高，但是当工作人员上手以后，就能大大提高办事效率，节约成本；一个窗口能办理多件事情，享受更多服务，能够面面俱到，这就是服务质量和水平的提高，信息壁垒打破以后，在一个窗口就能获得想要的信息。"一口式"受理的发展要求中心建立统一的社区事务受理平台，"实现政务信息资源集中管理。政务信息资源包括：政务部门依法采集的信息资源；政务部门在履行职能过程中产生和生成的信息资源；政务部门投资建设的信息资源；政务部门依法授权管理的信息资源。实现面向工作人员的内部统一门户。为各部门提供现有业务服务系统的统一入口，将政务信息进行统一集中管理。工作人员也可在一定范围内实现单点登录、使用整合统一的应用系统以及个性化定制工作界面"。政策修订带来了实质性变化，社区事务受理服务中心现在的运行模式也许并不是最满意的，但是随着科学技术的发展，政策制定者和公众参与之间的沟通加强，基层公共服务会朝着更好的方向运行。

5. 结语

随着我国政府改革进程的推进，教育水平的普遍提升，居民权利意识的增强，政府公共服务模式面临改革的局面。而在这一过程中，一套改革方案也就是决策方案。上海市社区事务受理服务中心"一门式"到"一口式"受理的转变，就是政策变更的结果，是公共政策不断优化的产物。按照林德布洛姆的"渐进决策理论"，任何决策的议程设置都是在原有政策的基础上，在合法的框架内不断进行小小的修正。在渐进决策模式的论证上，"从认识论上来看，其特点在于以历史和现实的态度将事物的运动看作是一个前后衔接的不间断的过程，即无论哪种新的决策，只能在直接碰到的、既定的、从过去承继下来的条件下进行，这些条件包括历史和现实的特点、决策主体的本身条件，以及整个社会、组织的政治经济状况和心理结构。在方法论上，渐进决策模式注重事物变化的量的积累，以量变导致质变；它强调在进行改变时维持社会和组织的稳定，因而主张不间断的修改，而不是引起动荡的变革，逐步对政策加以修改并最终改变政策"。社区事务受理服务中心服务方式的转变就是对原来政策加以修改，并最终实现根本性变化的政策。

从"多门"到"一门"再到"一口式"受理的政策转变，在政策执行过程中不断反馈，通过政策执行主体、居民大众、信息平台和政策制定者之间的定期和不定期的沟通交流，对运行中的部门进行调整。在环境允许的前提下，重新调整政策以适应需要，林德布洛姆认为，"政策分析之所以不能进行理性化的周密分析，而要采用渐进分析，是因为决策与政策的制定必然要受到政治、技术和现行计划的制约"。随着信息技术的发展，"技术治理的思路和方法在社区治理中逐渐占据重要的位置，也给人们提供了优化组织运行、提高政府绩效的美好愿景"。技术治理的思路帮助决策者制定更有效和合乎现实的政策，经济的稳定发展有利于公共政策的优化和修正，也有助于推进社区事务受理服务中心服务内容和服务质量的改善。

参 考 文 献

Cohen M. D., March J. G.& Olsen J. P. 1972. A Garbage Can Model of Organizational Choice. *Administrative Science Quarterly*，（17）：1–25.

Etzionia，A.1967. Mixed–Scanning：A Third Approach to Decision–Making. *Public Administration Review*，（5）：385–392.

宝珠、李志雄. 2005. "一口受理"的来龙去脉. 社区，（23）：27–29.

陈振明. 2003. 政策科学——公共政策分析导论. 北京：中国人民大学出版社.

丁煌. 1999. 林德布洛姆的渐进决策理论. 国际技术经济研究，（3）：20–27.

丁煌. 2000. 公共选择理论的政策失败论及其对我国政府管理的启示. 南京社会科学，（3）：44–49.

丁煌. 2004. 西方行政学说史（修订版).武汉：武汉大学出版社.

何海兵. 2013. 信息技术视角下社区治理方式创新的思考——以上海社区"一口受理系统"为例. 中共福建省委党校学报，（2）：101–107.

胡象明. 2003. 公共部门决策的理论与方法. 北京：高等教育出版社.

沪府办. 2006. 上海市人民政府办公厅关于加强和推进社区事务受理服务中心建设的意见.沪府办〔2006〕49 号.

沪府办. 2013. 上海市人民政府办公厅关于进一步加强社区事务受理服务中心标准化建设的意见（沪府办发〔2013〕50 号).

黄晓春. 2008. 碰撞与融合：信息技术嵌入政府部门运作的机制研究. 上海大学.

裴峰. 2013. "一口受理"式社区事务受理服务中心的理论与实践——基于上海市徐汇区的案例分析. 科学发展，（2）：28–33.

上海民政社区事务受理中心，http：//www.shmzj.gov.cn/gb/shmzj/node8/node15/node58/node75/node109/userobject1ai4856.html.

上海市质量技术监督局. 2009. 社区事务受理服务中心建设服务规范. 上海市地方标准的通知.

托马斯·R. 戴伊. 谢明译. 2011. 理解公共政策（第十二版). 北京：中国人民大学出版社.

王亚静. 2011. 信息共享与无缝隙政府建设. 上海交通大学硕士学位论文.

西蒙. 1991. 管理行为——管理组织决策过程的研究. 北京：北京经济学院出版社.

西蒙. 詹正茂译. 2015. 管理行为. 北京：机械工业出版社.

袁霞萍. 2007. 一门式服务受居民欢迎. 社区，（16）：18–19.

约翰·W. 金登. 丁煌、方兴译. 2004. 议程、备选方案与公共政策（第二版). 北京：中国人民大学出版社.

曾志敏、李乐. 2014. 论公共理性决策模型的理论构建. 公共管理学报，（2).

中办发. 2000. 民政部关于在全国推进市社区建设的意见. 中办发〔2000〕23 号.

周扬. 2015. 上海市社区事务受理服务中心流程问题分析与对策建议. 经营管理者，（15）：294.

朱月明. 2011. 关于社区事务中心向"一口式"受理转变的可行性研究. 产业与科技论坛，（7）：230–231.

中美高校公关教育比较研究：从启蒙到现代

张欠欠　刘国华 *

【摘要】公共关系行业以及教育于20世纪80年代进入中国，经过20多年的蓬勃发展已有丰硕成果。而公关教育起源于美国，发展相对较早且成熟。同时，随着经济的发展和推动，公关教育也受到更多的关注。本文首先分别回顾了中美两国高校的公关教育与现状，对两国高校的开始和兴起进行了阐述；然后对两国高校在公关教育的学科定位、课程设置、师资来源以及教学方法进行对比，从根源上分析中美两国高校在公关教育方面的差异，来增进我国高校在公关教育方面的理解。同时大学进行公关教育的影响是深远的，它使大学的教育管理得以创新，办学资源得以深化，社会网络高度丰富，并因此获得了更好的生源和更多的资金，从而全面提升了高等教育的质量和影响力。本文通过对比，为中国高校公关教育的健康发展提供了很好的理论基础。

【关键词】中美高校；公关教育；对比

A Comparison of Public Relation Education between Chinese and American：From Enlightenment to Today

ZHANG Qianqian　LIU Guohua

Abstract　Since Public relations industry and education came to China in 1980s，after more than 20 years of vigorous development，they have been fruitful. Public relations education originated in the United States，relatively early and mature. At the same time，with the development and promotion of economy，public relations education has received more attention. This paper reviews the public education and current situation between Chinese and American universities with describing their own origin and arising; then compare the public education discipline orientation，curriculum setting，teaching sources and teaching methods of the two countries' universities and analyze the differences in the public education from the root to improve Chinese universities understanding level of the public education. At the same time af-

---

* 张欠欠，上海外国语大学国际工商管理学院公共关系学专业研究生，研究方向为国际公共关系；刘国华，上海外国语大学国际工商管理学院副教授。

fecting the university public education is profound, it makes the education management of university innovate, educational resources deepen, social network resourceful, and therefore get better students and more fund, so the quality of higher education and the influence of a comprehensive upgrade. Through the comparison, this paper provides a good theoretical basis for the healthy development of China's public relations education.

Keywords The Colleges and Universities of China and America; Public Relation Education; Comparison

1. 引言

美国是世界上开展高校公关教育最早的国家，也是当今高校从事公关研究最前沿的国家，其公关教育理念已在今天的全球范围内产生重要影响。根据对原始资料的数据分析和内容考证，公关已是美国高校中的一门与广告学交叉性很强的新兴专业，而美国大学公关专业的课程体系又具有相当的合理性和前瞻性。

20 世纪 80 年代初，随着我国改革开放政策的实施，中国打开了通向世界的大门，公共关系也随着科技引进、文化交流、贸易发展、中外企业合作和民间交往的加速扩大而传入中华大地。随着改革开放的不断深入和社会主义市场经济的不断发展，公共关系首先以一种实践的形态被认识和应用，随之作为一门学科和专业逐步得到认可和发展。从 1985 年开始，公共关系学进入了我国高等学府。至今尽管只有 30 个年头，但是我国高等院校的公共关系学从无到有初具规模。并且从公关培训、函授、电大到大学正规教育，已经形成了多层次、相对完整的公共关系教学体系。

公关教育作为公关素质教育的重要组成部分，其主题就是创新和实践能力的培养；作为公关教育组成部分的道德公关意识包括形象第一公众至上的意识、沟通交流的意识、友好竞争的意识，对于现代人适应现代社会的工作、学习和生活至关重要。通过公关教育可以使得人们获得公关知识，如公关策划的知识、公关传播的知识以及公关礼仪的知识。最后通过公关教育还可以提高人们的创造能力、协调能力、表达能力、应变能力、社交能力和审美能力。公关教育还可以获得更好的生源和更多的资金，从而全面提升高等教育的质量和影响力。

但是从宏观上看，中国公关教育无论是公关教材、课程、理论研究都与美国教育差距不大，在教材内容的更新速度上也很快；然而从微观的操作层面来看，在师资水平、教学方法上则与国外仍有明显的差距。本文通过以中国、美国早期公关教育为研究范围的比较研究，深刻认识到两国公关教育的发展情况，可以从根源上认识中国和美国在高校公关教育的差异，扩大视野，深化对本国教育制度和教育工作的认识。同时将中国、美国的公共关系教育体系以及相关内容进行分析研究，来确认两者间的共同点和差异点并进行探讨，同时通过借鉴美国成熟的公关教育概念，掌握其中之精髓，可以增进对本国教育的理解，为我国的教育发展及改革做出贡献。

通过比较可以为中国公关教育提供不同的思考，有利于中国未来公关教育体系更加完整。

2. 中美高校公关教育的回顾

现代公共关系源于美国，早期的公共关系以防御工具的方式出现，直到1923 年伯奈斯在纽约大学开设一门公共关系课，为公共关系开辟了新的领地，标志着公共关系正式进入高校教育行业。公共关系进入中国大陆是在 20 世纪 80 年代，第一批中国公共关系教育的先行者将现代公共关系理论引入中国内地大学的课堂，开始了高等公共关系教育。本节将对中国和美国公共关系早期发展进行回顾和对比。

2.1　美高校公关教育的回顾

美国是现代公共关系的发源地，今天的公共关系活动的基础虽然根植于过去，但对公共关系的定义始于 20 世纪初期。在 1919 年之前，早期的公共关系是以防御工具的方式出现的，直到第一次世界大战才转化为进攻工具，但是人们并没有意识到公共关系这门学科的重要性，也没有考虑到在高校进行公关教育。下面分为五个阶段来具体阐述公关在高校的发展情况。

（1）第一阶段：1919~1933 年。战时公共关系的发展，在战后迅速传播开来，各种公共关系的运用遍及政府、企业、社会运动、劳工运动中。在"一战"掌握了公共关系组织方法与原则的相关人员，战后开始运用这些技巧来推动公众服务。这时世界进入新的时代，工商业繁荣，民主政治日益发达，人与人之间、个体与团体社会之间，以及劳资生产者与消费者之间的关系日趋复杂，需要透过公共关系方法来解决前述各种问题，公共关系这一专门学科应运而生。

1920 年，第一位教授宣传技巧课程的为伊利诺伊大学的宣传总监莱特斯，而爱德华·伯奈斯则是第一位教授以公共关系为课名的公关先驱，他在纽约大学开课两年。1923 年，伯奈斯在他的代表作《公众舆论的形成》中首创公共关系一词，这本书也成为美国公共关系的第一本著作。同年，他在纽约大学开设公共关系课程，成为首位特别将课程定名为公共关系学的大学讲师。伯奈斯一直到 96 岁仍不断地写作及演说，出版了另外 14 本书和数十篇文章。

1917 年以前，有关公共舆论宣传、公共关系的著作仅有 18 种，往后至 1925 年，8 年内至少出版了 28 种，显示公众舆论的力量引起了人们广泛的兴趣。而社会科学学者在研究民意、分析宣传的方式与效果、观察压力团体的行动方面，都对公共关系的发展做出了很大的贡献。这段繁荣时期则是格鲁尼格所称的双向不对等模式时代。

（2）第二阶段：1933~1965 年。1933~1945 年是美国经济大萧条的时代，各行业纷纷设立公关部门来负责公众的长期沟通。许多学校也因经济萧条引发财政窘迫，促使院校也求助于公共关系，以协助募集资金。"二战"后，1945~1965 年期间，由于美国国内消费品及服务的需求大增，特别在协助销售及营销上的宣传被广为运用，进而带动了公共关系的发展。同时也开启了双向对等模式的时代。20 世纪 60 年代，社会议题与问题促使政府、企业、劳工与其他有力的组织采取各式行动及响应行动，因而产生了公共关系的新发展方向。

这一时期公共关系的专业化体现于行业协会的形成与高等教育的开展。有关公共关系理论、规划、技术等方面的书籍、杂志、文章大量出现。高等院校的公共关系课程、学生人数均增加，课程内容更加深入，大学公共关系学系毕业的学生也受到市场接纳，显示公共关系的教育已渐渐受到重视。1957 年，美国公共关系协会也成立了教育咨询委员会，为教育与专业化尽一份力。

（3）第三阶段：1965~1975 年。在各方的推动之下，规范的公共关系教育已逐步形成。1969 年，美国公共关系协会开始在全美大学或学院拓展学生分会，有 14 所学校同意开设至少两门公关关系课程。1975 年，此时的公关教育，在新闻教育协会的公共关系部，以及美国公共关系协会所赞助的委员会的评估下，设计了公共关系课程所应依据的标准，这也是最早为全美所接受的公共关系教育规章，阐明公共关系专业：①包括艺术、人文，以及传播和公共关系的重点课程；②公共关系从业人员最好具有硕士学位；③公关专业应设在新闻或传播学院之内；④公关专业应该遵循指导方针，即 25%的主修课与 75%的人文和科学课程；⑤需要与传统课程脱钩的设计。

（4）第四阶段：1976~1990 年。1976~1990 年，全世界的政治、社会和科技都有大幅的改变。"冷战"的结束、中国市场的改革开放、桌上计算机的应用、网络的盛行，不但开创了新的市场与新的传播方式，也为公共关系的运作与国际化添加了新的契机。而整合营销传播，这种将广告与公共关系策略进行整合的趋势，也导致公共关系的施行与教育发展更为快速。随着政经环境的转变，公共关系的工作内容逐渐变得更广泛与深入，需要的知识技巧也与时俱增，而培育公共关系人才的学校教育也应持续更新课程内容，以跟上社会脚步。

（5）第五阶段：1990 年至今。国际公共关系协会主导了一项研究，目的在促成公共关系研究的全球标准化。他们发现，训练毕业生从事学术层级和培养他们成为公共关系经理之间存在着一种紧张的关系。此外，研究显示教师需要有强烈的道德标准，除了职业需求上的技术之外，公关教育应该重视道德与战略思考，否则无法摆脱新闻代理人的角色。

在研究取向方面，一个多世纪以来，西方学界对于公共关系教育的探讨，主要集中于下列方向：①课程设计——课程内容、实习、实作技巧等；②教育人员的教学方法、技巧与评估；③行业人员与协会对公共关系教育的看法及影响；④公共关系教育研究多元文化与公共关系教育跨学科间的讨论。在教科书、专业学术刊物等科研结果方面皆有丰硕的成果。

2.2　中国内地高校公关教育的回顾

我国高校公关教育的开展始于 20 世纪 80 年代，第一批中国公共关系教育的先行者将现代公共关系理论引入中国内地大学的课堂，开始了高等公共关系教育。大专院校则自 1985 年开始开设公共关系课程。20 世纪 80 年代末期，部分人士认为公共关系是一门理论性和实践性都很强的学科，现代公共关系学产生于西方，其理论体系受到西方国家社会制度、经济状况、宗教信仰、风俗习惯等的制约，并不完全适用于中国。因此，参考中国的风土民情、社会习惯，建立出具有中国特色的公共关系学体系，以符合中国的国情，提高人民接受的比例，是中国公共关系教育一开始发展最为重要的考虑因素。

1994 年，中山大学经国家教育部批准，率先设立公关教研室并开设公关课程，成为中国内地第一家授予公关学士学位的高校。之后，有超过 20 所大学相继设立公关专业。公关教育的兴起，与 20 世纪 90 年代后期大批国际著名公关公司进入中国市场，引进了公共关系新的理念和运作方式有密切关系，加上经济蓬勃发展，也让越来越多组织与企业认知到公关的需要及公关人才的重要性。但由于公关发展过于快速，导致多数公关从业人员皆是中途转行或半路出家，并未接受过正式、系统化的公共关系培训。为更好地分析公关高校和公关从业人员这一不成熟的表现，本文从高校公关教育早期的引入期到虚热期再到当今三个阶段对公关教育的发展进行阐述。

（1）引入期：20 世纪 80 年代。公共关系教育的引入期（1985~1989 年）指的是中国内地公关教育从无到有，引入各大高校的初创期。这段时期的公共关系教育发展引用了大量西方的经验，《中国公共关系教育二十年调查报告》中指出，中国内地高校引进公共关系教育模式分为两种：一类是高校参照海外公关教育的设置，直接、独立引进的公关教育；另一类是由境外、海外学者到大陆高校协助开设、推动的公关教育，如厦门大学等。前者由于学校数量多、规模大，仍是高校公关设立的主流模式。

（2）虚热期：20 世纪 90 年代。这段公关教育的虚热时期从 20 世纪 80 年代后期一直延续至 20 世纪 90 年代初期。此时，国内的一些国家、省、市一级公共关系行业组织逐步建立起来，公共关系教育发展极为迅速，加上 CIS 热潮的推波助澜，超过 300 所大学开设公共关系课程，遂引发课程设置、师资和教材建设等各方面缺乏的问题。各院校只能采取以人设课的方式，导致公共关系专业的课程结构严重不合理，同时公关专业教师应具备的公关实践经验、教学质量和学生学习效果均不佳。20 世纪 90 年代后期，反思的力量出现，许多大专层次的公关课程陆续停办或萎缩。

（3）理性发展期：20 世纪 90 年代后期至今。随着 CIS 热的降温，大专公关教育粗放、毕业生就业难、公关教育层次不高等问题逐渐暴露出来，从而导致公关专业生源骤减。20 世纪 90 年代中后期，中国内地公关教育进入了相对理性、平稳的发展阶段。特别是 2000 年以后，中国内地本科公关教育开始稳步发展：①本科专业教育不断完善，公共关系已被越来越多的学科列入专业教育范畴，成为专业学位必修课、主修课或选修课。据不完全统计，中国内地已有 20 多所普通高校设立本科的公关专业。②以培养研究型公关人才为导向的研究生教育得到重视。③公关专科及高职教育也得到了稳步的发展。④公关职业培训与职业资格认证体系逐步完善。

1997 年 11 月，全国公关职业审定委员会在京成立；1999 年 1 月，国家职业资格工作委员会公关专业委员会成立；1999 年 1 月，《公关员》标准在京通过鉴定，1999 年 5 月"公关员"正式列入国家职业分类大典，1999 年 7 月《公关员职业培训和鉴定教材》通过国家鉴定；2000 年 12 月，全国公关员资格认证考试启动；2004 年，《公关师国家职业标准》颁布并实施，从此，高层次的公关职业教育培训已被提升到中国内地公关教育的议程上来。

2.3　综合比较

由表 1 可以看出，中国公关相对于美国发展慢，高校公关教育起步晚，具有师资来源、公关课程和教材短缺的现象，这是导致公关教育发展慢的一个影响因素。但对于公关教育的未来发展，两者都面临着新的调整。

表 1　中美高校早期公关教育发展对比

美国		中国	
发展阶段	特点	发展阶段	特点
1919~1933 年	公共关系作为一门学科得到繁荣发展	20 世纪 80 年代	引入两种公关模式
1934~1965 年	行业协会的成立 公关高等教育的开展	20 世纪 90 年代	行业组织的建立 公关高等教育发展迅猛 公关课程、师资和教材短缺
1966~1975 年	公关协会的成立 规范的公关教育形成		
1976~1990 年	整合营销传播的出现	20 世纪 90 年代后期至今	公关教育面对新挑战
1990 年至今	公关教育发展的新要求		

3. 中美公共关系教育对比

上文对中美高校公关教育发展进行了回顾和分析，在这一章节中，将从中美公共关系的课程设置、师资来源以及教学方法三个方面进行局部的比较和分析。

3.1　公共关系的课程设置比较

（1）美国高校公关教育的课程设置。从不同时代、不同单位所推荐的课程方向观察，公关课程设计从单纯的信息准备转变为管理复杂的关系，包括关系管理、参与管理决策及管理咨询。而全球商业的运作、公司并购、地球村概念下的民意、分众化、多元文化、政府法规的增修及影响等，都让公共关系教育导向另一个新阶段。20 世纪 80 年代晚期，营销和研究被加入到推荐名单课外实习。1992 年成为重点考虑年，整合传播与咨询增列入现代公共关系实务所需技能名单中。1999 年，公共关系五项核心课程确立，公共关系这四个字必须出现在公关主修的课程名称上，同时学生最好能具备第二语言、协商、人际沟通、关系建立、管理和财务能力等。

历经时代环境变革下的多次讨论与修正，最新的方向在 2006 年 11 月由公共关系教育委员会提出报告。当中建议公关本科的七项基本课程最少要有五科以公共关系为名的课程，以及三种模式——新闻传播模式、传播人文英语模式、商业管理模式，即配合不同系别开设不同的公共关系课程。

针对在新闻及传播科系中开设公共关系课程的大学教育，大学新闻整合小组指出应新增四项基础材料（Van leuven，1999），包括公关学者格鲁尼格致力研究的《关系建立与双向沟通程序》、结合战略性策划的《整合营销传播》（Schultz D. E.，Tannebaum S. I. & Lauterhorn，1994）、有效传达信息给内外部公众的《传播科技与组织沟通》以及协助公关人员了解并参与组织决策的《管理》文献。

不过，由于新闻及传播科系中开设公共关系课程有规模大小之分，因此，针对大、中、小规模不等的公关专业，在课程设计上可以合并，如合并视觉互动传播与信息传播、案例研究与管理等选修或单元开课的方向调整，以符合中、小规模科系的需求，对于规模大的学校，核心的课程可以分别开课，并辅以选修课程。另外，由于师资短缺是另一项迫切待解决的问题（Guning J. E.，1989），采取以上的方式在短期内或可暂时填补其中的差距。除了课堂教学外，学校应鼓励课外实习，学生可以至外界的实务单位实习，或校内的学生实习机构，如实习报纸、实习电台、实习公关公司等实习、校外参观、聆听演讲、参与公关专业组织等。1999 年，大学传播整合小组根据传播系中的公关教育提出主修、系列课程或集中课程三模式。

（2）中国高校公关教育课程设置。表 2 为中美高校公共关系教育主修课程的比较，表 3 为中美高校早期公关教育著作。

表 2　中美高校公共关系教育主修课程比较

美国	中国
公关概论 公关案例研究、公关实务实习 公关写作与制作 公关计划与管理 公关活动 公关研究、测量与评估	公共关系概论 公共关系实务与案例 公关写作 公关策划学 危机公关、政府公关 公共关系传播法规 公共关系学原理

表 3　中美高校早期公关教育著作

美国		中国	
发展时期 & 代表人物	相关著作	发展时期 & 代表人物	相关著作
亚里士多德	《修辞学》	明安香	1986 年《塑造形象的艺术：公共关系学概论》
恺撒	《高卢战记》	廖为建等	1986 年《公共关系学》
法国资产阶级革命时期	《人权宣言》	郑北渭	1987 年《公共关系导论》
艾维·李时期	《原则宣言》	郭惠民等人	1987 年《公关译文集》

续表

美国		中国	
发展时期 & 代表人物	相关著作	发展时期 & 代表人物	相关著作
伯奈斯时期	1923 年《舆论的形成》	佚名	1987 年翻译杰夫金斯的《公共关系学》
	1925 年《公共关系教材》		
	1928 年《舆论》		
卡特里普	1952 年《公共关系学》	佚名	1988 年翻译的《有效公关》
	《公众舆论之凝结》	居延安等	1988 年《公共关系学》
	《有效公共关系》	熊源伟	1988 年《公共关系案例》
			1990 年《公共关系学》
格鲁尼格	1984 年《公共关系管理》	吴友富	1989 年《公共关系与实践》
	1992 年《卓越公共关系与传播管理》	390 余名专家学者	1993 年《中国公共关系大辞典》
		单振运	1996 年《公共关系协调理论与实务》

选取 2001 年美国马凯特大学教授提出公共关系教育前 100 的大学排名，以首要的 10 所大学（见表 4）和 2005 年中国大陆的中国传播协会的 10 所大学作为研究对象（见表 5）。

表 4　美国 10 所大学公关课程设置

学校名称	学院	系别	课程名称（必修、选修学分数）
Brigham Young	艺术与传播学院	新闻系	Introduction to Public Relations Public Relations Case Studies Public Relations Writing and Production Strategic Public Relations Campaigns
Colorado Strate	人文艺术学院	新闻学系	Public Relations Campaigns（3） Public Relations Practices（4） Public Relations（3）
Cal State Fullerton	传播学院	公关系	Principle of Public Relations（3） Public Relations Writing（3） Public Relations Management（3）
San Diego State	传播学院	传播系	Principle of Public Relations（3） Public Relations Media and Methods（3） Public Relations Research（3）
San Jose State	新闻与大众传播学院	公共系	Writing for Public Relations（3） Principle of Public Relations（3） Case Studies in Public Relations（3） Seminar in Public Relations（3）
Southern California	新闻学院	公关专业	Principle of Public Relations（4） Public Relations Media（4） Advanced Public Relations（4） Promotional Public Relations（4）

续表

学校名称	学院	系别	课程名称（必修、选修学分数）
Ball State	传播、信息与媒体学院	新闻系	Principle of Public Relations（3） Public Relations Writing and Publicity Techniques（3） Public Relations Publication Design and Production（3）
Eastern Kentucky	传播学院	公关系	Public Relations Principles（3） Public Relations Practicum（1–3） Pubic Relations Writing（3）
India State	人文学院	传播系	Introduction to Public Relations Public Relations Tactics Public Relations Case Studies Public Relations Campaign Planning
Kansas State	A. Q. Miller 新闻与传播学院	大众传播系	Fundamental of Public Relations Public Relations Writing Public Relations Techniques Public Relations Campaigns Public Relations Internship

表 5　中国大陆 10 所大学公关课程设置

大学	学院	系别	名称
复旦大学	新闻学院	新闻学、广播电视学	公共关系学、宣传学导论
		传播学、广告学	公共关系学、公共信息写作、整合营销传播
	国际关系与公共事务学院	思想政治专业、政治学、行政学专业、国际政治专业、行政管理专业	公共关系学
	管理学院	市场营销学专业	公共关系学
中国人民大学	新闻学院	广告学	公共关系学
	广告学	公共关系系	公共关系实务、公关文案写作、公共关系概论、公关媒介运用、公共关系理论、危机公关、公关礼仪、公关与舆论、跨文化公共关系、公关公司运作研究（选修）、行业公关市场研究（选修）、公关专题互动研究（选修）、企业公关专题研究（选修）
中国传媒大学	新闻传播学院	新闻学专业	公共关系学
		传播学专业	公共关系概论
	媒体管理学院	公共管理系公共管理专业	公共关系学
		公共管理系公共文化产业管理专业	公共关系学
		公共管理系公共行政管理专业	公共关系学
		公共管理系公共市场营销专业	公共关系学

续表

大学	学院	系别	名称
北京大学	新闻与传播学院	新闻学	公共关系学概论
		编辑出版	说服学
		广播电视学	—
		广告学专业	公共关系学概论
			说服学
清华大学	新闻与传播学院	研究所	公共关系研究
武汉大学	新闻与传播学院	新闻学专业	公共关系学
		广播电视新闻专业	公共关系学
		播音与主持艺术专业	公共关系学
	政治与公共管理学院	思想政治教育专业	公共关系学
华中科技大学	新闻与信息传播学院	广告学专业、传播学专业	—
	公共管理学院	公共事业管理	政府危机管理
浙江大学	新闻与传播学院	公共关系方向	公共关系
		广告学专业	公共关系
	教育学院	公共事业管理专业	公共关系
南京大学	新闻传播学院	新闻学专业	公共关系学
		广告学专业	公共关系学
		广播电视新闻专业	媒介公共关系学
上海大学	广告学系	广告学系	公共关系学

　　自 1983 年厦门大学新闻传播系把公共关系作为正规大学本科课程列入本科培养计划开始，公共关系就以不同的名称出现在高校当中，包括公共关系学、公共关系学原理、公共关系导论、公共关系概论等，主要仍以单一两门课程传授公共关系的相关理论与内容，专业必修课仅有 1 学时。在高校的新闻传播、人文、管理等学院，旅游、文秘、公共卫生管理等专业中，公共关系常被设置为本科专业学位课或专业必修课。不少综合性大学还将公共关系设置为全校性文科基础选修课，成为面对全体大学生的基本素质教育的一门重要课程。2000 年成立的传媒大学广告学院公共关系系与 2001 年成立的东华大学公共关系系，必修课内容丰富，另有选修研讨课。

　　除了新闻或传播学院之外，研究中也将校内其他院系如管理学院、公共事务学院、商学院、教育学院开设有公关课的部分一并整理。总体而言，除了公关系之外，几乎各科系都开设了一门公共关系学，作为公共平台课。其中也有相当多的公共管理系、市场营销学、工商管理专业等管理相关的科系开设公共关系学。

这也是中国公关教育很特殊的现象，这些现象可以从表 2、表 4 和表 5 看出。

而由于美国的公共关系起源早，其公关教育发展相对成熟。从表 4 和表 5 可以看出，我国的公共关系课程设置比较笼统，而美国的公共关系课程设置相对来说比较细，比如在课程名称上，中国更多地直接命名为公共关系，而美国的课程名称会涉及公共关系媒介和方法或者公共关系实习等一些和现实联系的课程，使学生能够理论与实践相结合。这是早期中国大陆公关教育所缺少的。

3.2　中美高校公关教育的师资来源

（1）美国高校公关教育的师资来源。1920 年，美国第一位教授宣传技巧课程的为伊利诺伊大学的宣传总监莱特斯。而第一位教授公共关系学的大学讲师则是从事公关实务多年的爱德华·伯奈斯，他首开先河在纽约大学开课。由此可见，当时以新闻媒介为教学导向的公共关系师资是由实务界的专业人员组成的。20世纪四五十年代，高等院校的公共关系课程、学生人数倍数增加，由于课程多设在新闻系，师资来源也多为新闻或语文相关背景的教师。

根据《世纪公关教育规划报》中对教师的资格要求，不论是理论及专业实务的老师都相当重要，教师们应该要有的共识是，公共关系需要在跨学科、跨文化、全球脉络下实践。理想中，学校在教师的选择上应以全职、受过学术训练的博士为主，辅以有专业经验与学术的兼职教师。此外，学校也邀请实务界人士担任访问、兼职教授或讲座，透过实际的公关经验强化实务与理论的结合。

在跨学科方面，以新闻传播教育为主的艾默森研究院授予健康传播硕士的学位课程，该专业的师资相当多元，包括经济学博士、管理学博士、媒体研究教授、临床医学兼职教授等。同时艾默森研究院还进行跨学校合作，通过与邻近的塔福兹大学医学院的战略伙伴关系，共同进行教学与研究，学生也可借此作跨校交流。

不过，同时兼具最高学历经验的教师实际上仅为少数，折中的方式为，以有博士学位的教师为教学主力，包括教授、副教授、助理教授、讲师，而拥有相当专业实务经验的兼职教师作为搭配，如业界的、高级主管、报社资深编辑和许多相关领域事业有成的专业人士。让学生在课堂上不只学到理论，更能应用所学和实务互相联结。

在兼职或以专业经验为主的讲师条件上，至少应具有大学学历与公关相关的经验，并有认可之公关组织（例如，美国公共关系协会的专业认证），这点对于非公关主修的教师尤其必要。

（2）中国高校公关教育的师资来源。20 世纪 90 年代，从事公共关系教学的教师，多数是从哲学、史学、国文、新闻、心理、政治、企管等学门改行或兼任的，公关专业及实践经验均不足。进入 21 世纪后，专业师资虽逐渐增加，但依然不够。中国传媒大学公关系主任齐小华教授表示，该校的教师来自同校的新闻系、传播系、广告系和经济管理系，还有些外聘的教师。时任上海外国语大学教授纪华强表示，公共关系理想的师资组合为有丰富经验的博士、新博士与实践的人士。上海东华大学规划的师资分配为 1/3 的学校专职教员，1/3 的外校聘请，

1/3 的公关业从业人员，是较为合适的组合，可同时结合理论与实务。但在实际执行上，仍有其困难，许多课程找不到适合的教师。

由于公关的师资是通过教育部根据师生比给予配额，再由学校通过学术委员会进行聘任，以获得博士学位的学校教师为主，业界人士仅担任不定期的讲座或参与沙龙进行分享。不过，目前高素质的师资不够充裕，部分人士反对引进学历资格不符的实践人士，造成许多课程无法开设的窘境。

（3）两者的综合比较。美国康涅狄格中央州立大学传播系教授居延安对目前国内公关教学从宏观的总体情况看，无论是教材、课程还是理论研究、介绍，和美国的差距并不大。国内对于先进的公关研究成果、理论的介绍是很及时的。如果说差距，就差在微观的操作层面上。在师资水平、教学方法上和国外有差距。这些差距我们可以从表 6 中明显地看到。首先是教授学生的研究方法不够科学，锻炼不多，教师使用的案例不新鲜，学生实践能力的培养不够。其次是对新媒体的了解应用介绍、使用得不够。国外公关采用网络、多媒体、动漫等新的手段、方法层出不穷，课堂上介绍、操作的机会也很多。国内这方面的发展慢了很多，教师上课介绍的也很少。最后是国际公关方面发展较差。主要指的是学生的语言能力和国际视野不够。和国外打交道，掌握外语书面语和口头是第一位，当然中文功底也一定要过硬，否则什么都谈不上。另外，视野要开阔，积极了解外面的情况。表 6 就是中美高校早期公关教育师资的直观对比，可以清楚地看出早期师资的差别。

表 6   中美高校早期公关教育师资对比

美国	中国
实务界专业人士	
新闻或者语文老师	哲学、史学、国文、新闻
以全职、受过学术训练的博士为主	心理、政治、企管等学门改行或兼任
辅以有专业经验与学术的兼职教师	外聘教师
以博士学位的教师为教学主力	三三制
搭配拥有相当专业实务经验的兼职老师	以获得博士学位的学校教师为主
兼职或以专业经验为主的讲师条件上	业界人士仅担任不定期的讲座或参与沙龙
至少应具有大学学历与公关相关的经验	

为了改进这种现象，具有学理基础的教师，应积极参与专业公关组织，与公关从业人员交流互动，以获取最新的实务动态，随时更新教材。专业教师也可以通过蹲点方式、学者从业人员交换计划参与公关专业培训计划或年休假来进修专业公关实务。因此，通过专业公关组织作为桥梁对于教师与从业人员的互动极为重要，同时也可以增进整体公共关系知识体系。这个部分，不论是美国公共关系协会、国家传播协会、新闻与大众传播教育协会等都设有公关教育部门来推动学术实务的交流，并出版专业或学术刊物与召开学术会议。许多学校的教授与资深业界人士也在各协会中担任要职，不断推动公关朝向更专业的领域发展。

中国传媒大学公关系主任齐小华教授表示在师资上，由于课程的设计需要各项专业的教师，如媒介的、传播的、广告的、其他社会科学的专业师资，皆可由不同专业安排。唯一较为缺乏的是公关核心课程的师资，如公关理论、公关实务。不过，中山大学政治与公共事务管理学院副院长廖为建教授表示，在师资上应提倡综合性大学资源共享，可以利用综合性大学的优势请外系教师授课，效果可能更好。

3.3 教学方法

美国教师在授课上比较活泼、方法上较多元化。一方面，美国学生习惯自由发言、表达意见；另一方面，教师也鼓励主动学习和小组为基础的学习以促进服务的学习，搭配相对先进的教学工具、硬件，教学互动也就更生动。

中国的教学以理论知识为主体，教师的授课方式以一般的讲课为主，另有课堂讲座、小组讨论与报告、作业等。对案例教学有兴趣的教师及相关研究有增多的趋势，课堂上较少使用游戏、模拟演练、在线教学等。教师也表示，教室的硬件需要积极加强，以协助教学。

在实习课程部分，中、美都强调要在有监督人员教师或行业人士等的指导之下进行校外实习。除了校外部分，美国有一些学校在校内设有实习基地，以学生为主，实际寻找客户，接受案子委托，中国内地的高校目前仍少见这种形式的学习，关键因素应该在于缺少经费和具有实践经验的教师。

从表7中我们可以直观地看出，中美公关教育在早期教学方法上的差别，在课堂部分倒没有很大的差别，主要还是在实习部分，这与我国国内高校的制度和科研经费有关。

表 7 中美公关教育早期教学方法对比研究

	美国		中国
课堂部分	鼓励主动学习 以小组为基础学习 搭配先进的教学工具、硬件	课堂部分	以理论为主 小组讨论以及报告 课堂讲座 模拟演练 在线教学
实习部分	校外在监督人员和行业人员指导下进行，校内设置学习基地	实习部分	校外在监督人员和行业人员指导下进行，很少设立学习基地

4. 结语

本文通过对中国和美国的高校公共教育中的课程设置、师资来源以及教学方法进行对比发现，中国作为公共关系的后起之秀，相对于美国成熟的公关教育，现阶段中国公关学历教育存在的问题以知识教育为主，培养的学生大多停留在理论研究方面，缺乏公共技术与能力的实践与训练。反映在学科建设、培养及教学宗旨，则需要明确地载明及积极落实。中国急需培养一支专精公共关系教育的师资队伍。从美国的经验来看，许多公关专业教师通过蹲点方式、学者从业人员的交换计划以及参与公关专业培训计划或年休假来进修专业公关实务。此外，美国的高校与业界联系紧密，经常邀请具有硕士学历以上、具有公关实务经验的人士担任兼职教师，彼此间共同合作的学术研究也时有所见，中国高校可以多借鉴美国的这些做法。

居延安教授独到的观察也呼应了近年来中国公关高等教育的转变。从宏观角度看，中国公关教育无论是公关教材、课程、理论研究与美国教育的差距不大，在教材内容的更新速度上也很快。然而从微观的操作层面来看，在师资水平、教学方法上则和国外仍有明显的差距。实务界对教育界在培育人才的需求上，首重公关专业、产业知识、沟通特质及社会网络知识等，除了学术训练之外，更要求沟通能力、应变能力、诚实的品格以及缜密的思维逻辑。高校教育需要谨慎面对市场的需求，这也是居延安认为高校必须考虑的职业导向问题。

本文通过对比中美高校公关教育的相关方面，将中国、美国的公共关系教育体系以及相关内容进行分析研究，来确认两者间的共同点和差异点并进行探讨。同时，研究别国的教育可以增进对本国教育的理解，可以为我国的教育发展及改革做出贡献，并提供给中国公关教育另一面向的思考，以利于未来中国公关教育体系更加完整。

参 考 文 献

Commission on Public Relations Education. 1999. *Public Relations Education for the 21th Century—A Port of Entry*. New York：Public Relations Society of America.

Gruning, J. E. 1989. Teaching Public Relations in the Future. *Public Relations Review*，（15）：12-24.

Guiniven, J. E. 1998. Public Relations Executives View the Curriculum：A Need Assessment. *Journalism & Mass Communication Educator*. Whiter，48-56.

Schultz, D. E., Tannebanum, S. I. & Lauterhorn, R. F. 1994. *Intergrations Marketing Communication*，IL：NTC BOOKS.

Turk, J. V. 2006. *Public Relations Education for the 21th Century—The Professional Bond*. New York：The Commission on Public Relations Education.

Van Leuven, J., 1999. Four New Course Competencies for Majors. *Public Relations Review*，25（1）：77-85.

别敦荣. 2007. 美国大学教育观察. 中国教育和科研计算机网.

崔宝瑛. 1967. 美国公共关系发展史. 台北：中国公共关系协会.

顾名远、薛理银. 1998. 比较教育导论——教育与国家发展. 北京：人民教育出版社.

郭惠民. 1998. 中国大陆公共关系教育现况. 台北：公关杂志.

何春晖. 2002. 中国公关的回顾与瞻望. 中国传媒报告.

胡百精. 2014. 中国公共关系史. 北京：中国传媒大学出版社.

居延安. 2001. 公共关系. 上海：复旦大学出版社.

刘海贵. 1993. 中国大陆传播教育的回顾与前瞻. 台北：政治大学传播学院研究中心，127-134.

孟建. 2006. 中国公共关系发展报告蓝皮书 2005~2006. 太原：山西教育出版社.

吴绍远. 1971. 公共关系研究与发展. 台北：中央文物供应社.

吴世家. 2007. 中美公共关系高等教育比较研究，上海：复旦大学.

杨景尧. 2003. 中国大陆高等教育之研究. 台北：高等教育文化事业.

杨思伟. 2000. 高等教育普及化发展模式初探. 国际学术研讨会，184.

张乐天. 2002. 教育政策法规的理论与实践. 上海：华东师范大学出版社.

郑砚农. 2002. 中国公关业的现状与发展. 通讯，（32）：18–19.

中国国际公共关系协会学术工作委员会. 2006. 中国公共关系教育二十年调研报告.

中国企业家微博对企业品牌形象影响的作用机制

王 帅 *

【摘要】随着企业经济模式从产品经济转向品牌经济，塑造良好的品牌形象越发重要，微博营销成为众多中国企业家的聚焦点和本土企业整合营销战略必不可少的组成部分，企业家微博也发挥着越来越重要的作用，成为企业微博营销联动矩阵中重要的一环。本文构建了企业家微博对企业品牌形象影响机制的模型，以我国互联网企业当当网及其 CEO 李国庆为例，采用实验法探究了内容类型和情感类型操控下企业家微博对浏览者评价企业品牌形象的影响，并相应提出基于微博的中国企业品牌形象管理建议。

【关键词】企业品牌形象；企业家微博；企业家形象

The Effect Mechanism of China Entrepreneurs' Image on Brand Image Based on Microblog

WANG Shuai

Abstract With the change of enterprises' economic mode from products to brands, enterprises hope to reduce marketing costs and building competitive advantages by shaping a nice brand image, and Microblog Marketing attracts China entrepreneurs and becomes one necessary part of enterprise integrated marketing strategy, the entrepreneur also becomes more and more important in the microblog marketing matrix. The paper created the model of the effect mechanism of entrepreneurs' image on brand image based on entrepreneurs' microblog. The paper made the China entrepreneur Mr. Li Guoqing's microblogging content as the stimulus, researched the effect of his microblog content on *dangdang. com's* brand image under the control of the content type and the emotion type and put forward to the practice inspiration of the China brand image management on Microblog.

Keywords Brand Image; Entrepreneurs' Microblog; Entrepreneurs' Image

---

* 王帅，上海外国语大学国际工商管理学院硕士研究生。

1. 引言

当公司逐渐发展壮大时，确立不可复制的竞争优势，树立独特的品牌形象是十分重要的一项工作。良好的品牌形象催生消费者对品牌的好感和满意，进而提升消费者对品牌所属企业的满意程度，并最终达到消费者对产品的满意，以及加大购买力度等行为。在如此反复的过程中，顾客满意也将在一定的条件下逐渐转化为顾客忠诚，最终使得企业拥有不可复制的核心竞争力。

传播作为塑造品牌形象的主要手段之一日渐发展成熟，随着市场竞争的加剧，各种传播形式的成本不断攀高，"微博"吸引力强、传播快、成本低、针对性强、高度以消费者为中心等优势逐渐浮现。微博适时的出现为我国企业的品牌形象确立与维系提供了良好的平台，平台孵化下新的商业网络工具应运而生——企业微博。基于微博，企业可以通过各种端口在公开页面上更新企业信息，实现即时的商业分享。企业创建微博的目的多是进行公共关系、品牌推广、客户关系管理等，而企业家创建并运营微博的主要原因多集中于公共关系、企业形象的塑造或是吸纳人才等。在微博刚刚兴起的几年时间内，刘强东、马云、陈欧等一批知名本土企业家纷纷加入了微博。作为企业家，他们身上特有的知名度、影响力、从业经验和所从事的职业特殊性使其在短时间内吸引了大量粉丝，又由于其社会责任、个人财富、自身魅力、精神气魄等使其微博影响力在权威性和传播度上优于普通用户，以致其个人微博可以对社会舆论产生影响。此外，企业家通常被看作企业形象的一部分，对企业整体发挥着较大权重的影响，管理好企业家微博的重要性毫不次于企业微博。本文以当当网 CEO 李国庆为例，探究企业家微博对企业品牌形象的作用机制，考察良好的企业家微博是否对提升企业品牌形象有显著的积极效果，并从微博内容和语言特点等方面提供建议。

2. 研究模型与假设

根据我国企业家微博的现有情况，结合文献，从内容方面可以将企业家微博划分为企业相关、个人相关和社会时事相关三类。企业相关的微博包含主题与企业家工作、所属公司和行业相关的微博内容；个人相关的微博包含主题为个人生活、家庭情况、人生感慨等与企业没有直接联系的微博内容；社会时事微博即企业家根据当前时事发表的个人观点，包括批评、赞扬等。考虑到情感对信息传递的作用，也可将企业家微博划分为有情感信息的微博和无情感信息的微博，其中前者又可分为正向情感和负向情感。在新浪微博中选取典型的企业家微博，发现接近八成的内容是与企业、企业家自身相关的正向情感微博，20%是与社会时事相关的微博，而与个人或企业相关的反向情感微博仅有 2%。企业家利用微博塑造个人和企业品牌形象时，有意避免反向情感信息的表露，对于企业相关的内容，企业家就更不太可能发表反向情感的微博。根据上述情况，本文暂时不纳入反向情感的微博。此外，与社会时事相关的微博存在一定的被动性，社会时事不受企业家控制自由发生，企业家的态度受事件性质（积极或消极）的影响，且该类微博在情感调节上存在不适性，人工操作直接剔除情感要素会改变微博原意。因此，社会时事相关的微博类型将作单独研究。根据模型构成，本文提出以下九个假设，包含七个主要假设与两个延伸假设（见表 1）。

表 1　研究假设

H1：企业家微博可以对浏览者评价企业品牌形象产生影响
H2：相比与企业相关的微博，与个人相关的微博内容可以使浏览者对企业家形象做出更高的评价
H2′：相比与社会时事相关的微博，与个人相关的微博内容可以使浏览者对企业家形象做出更高的评价
H3：相比无情感信息的微博，有情感信息的微博内容可以使浏览者对企业家形象做出更高的评价
H4：浏览者对企业家个人形象的评价对其企业品牌形象的评价有正向影响
H5：相比与企业相关的微博，与个人相关的微博内容可以使浏览者对企业品牌形象做出更高的评价
H5′：相比与社会时事相关的微博，与个人相关的微博内容可以使浏览者对企业品牌形象做出更高的评价
H6：相比无情感信息的微博，有情感信息的微博内容可以使浏览者对企业品牌形象做出更高的评价
H7：相比企业家形象—企业品牌形象低感知一致性，企业家形象—企业品牌形象高感知一致性的情况可以使浏览者对企业家形象做出更高的评价

　　现代管理学之父 Peter F. Drucker（1989）将企业家形象定义为内部企业员工和外部社会对企业家的综合评价与认同。在其测量上，本文主要借鉴何志毅和王广富（2005）的理论，从企业家品质、企业家魅力、企业家—产品关联度三个方面考察中国本土企业家。品牌形象为消费者对企业品牌的主观感知，是品牌在消费者心目中形成的综合反映和消费者对品牌产生的主观评价，在其测量上，本文主要参考 Biel（1993）模型，从公司形象、用户形象和产品/服务形象三个角度测量。考虑到企业家形象与企业形象之间并不等同，本文在两者中引入感知一致性因素。总体来看，企业家微博直接反映企业家个人的形象状况，并最终传递到本文的研究对象——企业品牌形象上。可以构建得到企业家个人微博对企业品牌形象作用机制模型（见图 1）。

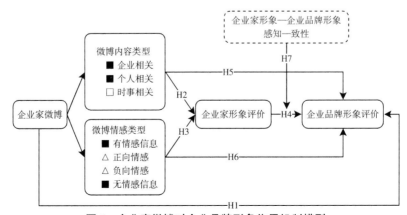

图 1　企业家微博对企业品牌形象作用机制模型

3. 实验设计

本文选取中国知名的综合性网上购物商城——当当网，以其企业品牌形象为研究对象，自变量为当当网 CEO 李国庆的微博。通过随机询问，超过 90% 的被访者不知道"李国庆"，也不知道"李国庆为当当网 CEO"，因此可以保证被试对李国庆个人形象的既有观点不会影响实验结果；超过 95% 的被访者表示知道"当当网"，甚至 60% 曾经在"当当网"购买商品，这为"企业家形象—企业品牌形象的感知一致性"测量提供了保障。由于目前我国企业家微博的内容绝大多数与企业和企业家自身相关且情感正向，本文决定先对内容类型（企业相关或个人相关）×情感类型（正向或无情感）进行 2×2 的交叉实验，再将其中对品牌形象影响最为显著的一类微博与社会时事相关微博作对比分析。

实验以 125 名在校大学生为被试，均等地划分为四个实验组（QZ 组、QW 组、GZ 组、GW 组）与一个参照组（NN 组）①。以李国庆发布的微博为刺激物，从李国庆的近期微博中选取带有正向情感的微博内容，包括与企业相关的和与个人相关的微博各 10 条。通过人工操作剔除微博中含有的情感要素（包括情感关键词、语气词、表情、标点符号等），从而产生另外两组"与个人相关"和"与企业相关"的无情感信息微博各 10 条，共计 40 条微博。对参照组发放仅印有测量题项的问卷，对 4 个实验组分别发放印有相应类型微博的问卷。共收回有效问卷 108 份，问卷有效率 86.4%。

4. 实验结果与数据分析

4.1 主效应检验

对企业家形象的多个测评方面得分进行均值化处理，得到一组数据，进行单因素方差分析（见表 2）。

表 2 企业家形象评价单因素方差分析结果

序号	类型	均值	标准差	df	F	Sig.
1	企业相关	3.38	0.48	1	10.70	0.002
	个人相关	3.72	0.48			
2	有情感	3.61	0.48	1	1.13	0.029
	无情感	3.49	0.53			

① QZ 组：该组被试接触到的问卷刺激物为"与企业相关 + 正面情感"的当当李国庆的微博样例 10 条。
QW 组：该组被试接触到的问卷刺激物为"与企业相关 + 无情感"的当当李国庆的微博样例 10 条。
GZ 组：该组被试接触到的问卷刺激物为"与个人相关 + 正面情感"的当当李国庆的微博样例 10 条。
GW 组：该组被试接触到的问卷刺激物为"与企业相关 + 无情感"的当当李国庆的微博样例 10 条。
NN 组：该组为参照组，无微博刺激物。

续表

序号	类型	均值	标准差	df	F	Sig.
3	企业相关×有情感	3.43	0.40	3	4.01	0.010
	企业相关×无情感	3.34	0.55			
	个人相关×有情感	3.80	0.50			
	个人相关×无情感	3.65	0.46			

针对"企业家形象评价"方面，$M_{企业} = 3.38 < M_{个人} = 3.72$，$F_{企业/个人} = 10.70$，$Sig._{企业/个人} = 0.002 < 0.05$，表明内容类型（企业/个人相关）对企业家形象评价的影响显著，假设 2 成立。$M_{有情感} = 3.61 > M_{无情感} = 3.49$，$F_{有/无情感} = 1.13$，$Sig._{有/无情感} = 0.029 < 0.05$，表明情感类型（有/无情感）对企业家形象评价的影响也是显著的，假设 3 成立。由于 $M_{个人+有情感} = 3.80 > M_{个人+无情感} = 3.65 > M_{企业+有情感} = 3.43 > M_{企业+无情感} = 3.34$，且 $F_{个人/企业×有/无情感} = 4.01$ 和 $Sig._{个人/企业×有/无情感} = 0.010 < 0.05$，所以内容类型与情感类型的交叉作用对企业家形象评价的影响也是显著的。

对企业品牌形象的多个测评方面得分进行均值化处理，得到一组数据，进行单因素方差分析（见表 3）。

表 3　企业品牌形象评价单因素方差分析结果

序号	类型	均值	标准差	df	F	Sig.
1	企业相关	3.72	0.32	1	4.64	0.034
	个人相关	3.89	0.42			
2	有情感	3.87	0.38	1	2.46	0.121
	无情感	3.74	0.37			
3	企业相关×有情感	3.82	0.33	3	2.70	0.041
	企业相关×无情感	3.62	0.38			
	个人相关×有情感	3.92	0.42			
	个人相关×无情感	3.86	0.43			

针对"企业品牌形象评价"方面，$M_{企业} = 3.72 < M_{个人} = 3.89$，$F_{企业/个人} = 4.64$，$Sig._{企业/个人} = 0.034 < 0.05$，表明内容类型（企业/个人相关）对企业品牌形象评价的影响显著，假设 5 成立。$M_{有情感} = 3.87 > M_{无情感} = 3.74$，$F_{有/无情感} = 2.46$，$Sig._{有/无情感} = 0.121 > 0.05$，表明情感类型（有/无情感）对企业家形象评价的影响并不显著，假设 6 不成立。$M_{个人+有情感} = 3.92 > M_{个人+无情感} = 3.86 > M_{企业+有情感} = 3.82 > M_{企业+无情感} = 3.62$，$F_{个人/企业×有/无情感} = 2.70$，$Sig._{个人/企业×有/无情感} = 0.041 < 0.05$，表明内容类型（企业/个人相关）×情感类型（有/无情感）对企业品牌形象评价影响显著。综上所述，以浏览者对企业品牌形象的评价由高到低排序，四种微博类型分别是：［个人相关＋有情感］>［个人相关＋无情感］>［企业相关＋有情感］>［企业相关＋无情感］。

4.2 企业家形象对企业品牌形象的作用检验

对均值化的两组数据进行线性回归分析（见表4），"企业家形象评价"对"企业品牌形象评价"的标准化回归系数为 0.561 > 0，且 Sig. = 0.000 < 0.05，即"企业家形象评价"对"企业品牌形象评价"呈正向影响，且影响显著。因此，假设4成立。

表 4 企业家形象对企业品牌形象回归分析

模型		系数 ª				
		非标准化系数		标准化系数	t	Sig.
		B	标准误	试用版		
1	（常量）	2.304	0.245		9.387	0.000
	企业家形象评价	0.423	0.068	0.561	6.180	0.000

注：a. 因变量：企业品牌形象评价。

4.3 调节效应检验

检验调节变量——"企业家—企业品牌形象感知一致性"的作用。首先，将测量感知一致性的三道题项得到的数据进行均值化处理，保留一组数据 $M_{感知一致性}$；其次，对数据 $M_{感知一致性}$ 赋值，将 $M_{感知一致性} > 3$ 的样本数据标记为"2"（代表高感知一致性），将 $M_{感知一致性} \leq 3$ 的样本数据标记为"1"（代表低感知一致性）。以企业家形象评价作为自变量，企业品牌形象评价作为因变量，对两组数据分别回归分析（见表5、表6）。

表 5 感知一致性调节下分组回归分析 R^2

感知一致性类别	R^2	调整 R^2	标准估计误差	Sig.	F
高（2）	0.197	0.182	0.313	0.001	13.025
低（1）	0.352	0.329	0.297	0.001	15.189

表 6 感知一致性调节下分组回归分析

感知一致性类别		系数				
		非标准化系数		标准化系数	T	Sig.
		B	标准误	Beta		
2（高）	（常量）	2.620	0.363		7.226	0.000
	C	0.355	0.098	0.444	3.609	0.001
1（低）	（常量）	2.343	0.327		7.162	0.000
	C	0.376	0.096	0.593	3.897	0.001

注：a. 因变量：企业品牌形象评价。
b. 选择变量一致性类型分别 = 1 和 = 2。

低感知一致性组数据的调整 R^2 为 0.182，Sig. = 0.001 < 0.05；高感知一致性组数据的调整 R^2 为 0.352，Sig. = 0.001 < 0.05；企业家形象评价对企业品牌形象评价的回归方程具有显著效应，感知一致性具有显著的调节效应，因此，假设 7 成立。低感知一致性组数据的标准化回归系数为 0.355，Sig. = 0.000 < 0.05；高感知一致性组数据的标准化回归系数为 0.376，Sig. = 0.000 < 0.05。说明企业家形象评价对企业品牌形象有着正向影响，企业家形象评价可以作为企业品牌形象评价的显著预测项。

4.4　中介效应检验

为了证实模型整体的拟合性，需要对中介变量"企业家形象评价"的中介效应进行检验。为了数据分析的便捷和可操作，将两组划分类别的各变量数据赋值：企业相关–1、个人相关–2、无情感–1、有情感–2。然后，将企业/个人相关（赋值）、有/无情感（赋值）、企业家形象评价（均值化）、企业品牌形象评价（均值化）共四组数据交叉进行回归分析。通过对比回归系数与显著效果，来确定"企业家形象评价"所起到的中介作用（见表 7）。

表 7　中介效应回归分析汇总

步骤	自变量	因变量	回归系数	P 值
1	内容类型	企业家形象评价	0.340	0.002
	情感类型	企业家形象评价	0.116	0.029
2	企业家形象评价	企业品牌形象评价	0.423	0.000
3	企业家形象评价	企业品牌形象评价	0.412	0.000
	内容类型		0.035	0.639
4	企业家形象评价	企业品牌形象评价	0.414	0.000
	情感类型		0.081	0.248

依次通过四个步骤的回归分析发现：内容类型对企业家形象评价呈正向影响，且影响显著；情感类型对企业家形象评价呈正向影响，且影响显著；企业家形象评价对企业品牌形象评价呈正向影响，且影响显著；企业家形象评价对企业品牌形象评价呈正向影响，且影响显著。但是内容类型和情感类型对企业品牌形象评价的 P 值分别为 0.639 和 0.248，皆大于 0.05，表明影响不显著。综上所述，企业家形象评价在整个模型中具有完全中介效应，且作用显著。

4.5　企业家微博对企业品牌形象的作用分析

将五个小组共 108 个样本的企业品牌形象量表得分进行汇总，由于企业品牌形象体现在"公司形象""使用者形象"和"产品形象"三个方面，因此将得分按此三类呈现，得到表 8 的数据。

表 8　分组企业品牌形象量表得分

类别	公司形象	使用者形象	产品形象	企业品牌形象
QZ	3.97	3.71	3.78	3.82
QW	3.71	3.58	3.58	3.62
GZ	3.95	4	3.83	3.93
GW	3.93	3.83	3.84	3.87
GZ + S	4.17	3.79	3.81	3.92
NN	3.64	3.55	3.53	3.57

可以看出，无微博刺激组的各项得分均为最低，总体的企业品牌形象得分为 3.57，均低于其他四个小组得分。预览企业家微博后，浏览者对企业家有了更多认知，进而提升了对企业品牌形象的评价，假设 1 成立。

4.6　社会时事微博作用分析

选取五条社会时事相关的微博样本，混入到个人相关有情感的微博样例中，形成新的微博样例，作为新的实验组刺激物（见表 9）。参照组所浏览的微博为相同的个人相关有情感的微博。

表 9　社会时事微博刺激下的实验组与参照组对比

	测量维度	测量题项	参照组均值	实验组均值	Sig.
企业家形象	企业家品质	成功	4.29	4.20	0.686
		信赖	4.14	4.08	
		社会责任感	4.38	4.47	
		创新意识	3.76	3.85	
	企业家魅力	个人魅力	3.90	4.15	0.035
		个性	4.14	4.31	
		成长经历与创业历程	3.86	4.05	
		经营管理能力	3.81	3.85	
	关联度	当当网广告——李国庆	3.05	3.10	0.700
		当当网商品——李国庆	2.76	2.95	
	企业形象	正规合法	4.62	4.60	0.519
		规模宏大	4.00	3.95	
		行业领先	3.90	3.80	
		乐于创新	3.67	3.80	
		勇于担责	4.43	4.35	
		诚实可靠	4.38	4.30	

	测量维度	测量题项	参照组均值	实验组均值	Sig.
企业品牌形象	用户形象	年轻化	4.14	4.30	0.010
		数量大	3.76	4.05	
		文化水平高	3.57	3.75	
		阳光乐观	3.67	3.95	
		勤勉好学	3.71	3.95	
		诚信可靠	3.86	4.00	
	产品形象	种类齐全	4.29	4.25	0.278
		价格合理	3.67	3.85	
		安全可靠	3.81	3.95	
		款式新颖	3.81	3.75	
		设计美观	3.52	3.55	
		喜爱程度	3.76	3.85	

为探究"社会时事相关的微博"对企业家形象和企业品牌形象评价是否起到影响作用，进行单因素方差分析。可以看出，企业家形象评价维度中，"企业家魅力"受到"社会时事相关微博"的影响显著，P 值为 0.035 < 0.05，但其他维度受到的影响并不显著。因此假设 2′ 不成立，存在片面性。企业品牌形象评价维度中，"用户形象"受到"社会时事相关微博"的正向影响显著，P 值为 0.010 < 0.05，其他维度受"社会时事相关微博"的影响不显著。因此，假设 5′ 不成立，存在片面性。

5. 结论与展望

5.1 结论与建议

第一，企业家微博内容对浏览者评价企业品牌形象有显著影响。相比无微博刺激，在非反向情感的企业家微博刺激下浏览者对企业品牌形象的评价更高。企业以微博作为品牌形象塑造的平台是有实践意义的，企业家通过微博发布个人日常、企业资讯或者社会时事，有利于维系浏览者对企业家和企业的关注。在企业家形象的中介作用下，企业家微博的作用传递到企业品牌形象上。通过微博，企业家代表的企业精神将更立体、直白地传递给消费者。无论是直接的路径还是间接的传递，微博的影响最终都将作用于企业品牌形象上。企业应当重视线上公关活动，根据用户或消费者的特征，恰当利用微博展开线上营销和形象塑造。

第二，相比与企业相关的微博，与企业家个人相关的微博能将企业品牌形象引致更高的评价。与企业家个人相关的微博内容，是来自信息本身的要素，处于

"说服"的中心路径，产生的影响作用更为显著。浏览者在看到与企业家相关的内容时，会接收到更为直接和确信的参考信息，这些信息有利于浏览者对企业家的形象作出评价，进而传递到企业品牌形象上。企业家在微博的运营中应该偏重于个人内容的更新，真诚地给予粉丝个人的观点和态度，比单纯地宣扬企业更为明智。

第三，相比于不具有（或缺乏）情感信息的微博，具有正面情感的微博能将企业品牌形象引致更高的评价。情感的传递效果要比想象的更为强大，无论是与企业家个人相关的微博，还是与企业相关的微博，携带情感要素的内容总能换来更为正面的浏览者反馈。企业家应当"做自己"，无论是在现实中还是网络世界里，企业家都应"慎独"，向粉丝展示真实的、有性情的自己，拉近与粉丝的距离。

第四，与社会时事相关的微博可以提升浏览者对企业家魅力和用户形象的评价。社会时事相关的微博内容也许游离在企业这一主题外，也有可能与企业精神相向或背离，只要企业家能够适当地作出评价，浏览者就会感受到企业家的接地气。与社会时事相关的微博可以提升浏览者对企业家魅力的评价，关注社会动态的企业家给人以较高的社会责任感。

第五，企业家—企业品牌形象感知一致性在模型中具有显著调节作用。如果企业家发布的微博内容与浏览者对企业既有的品牌形象产生背离，感知一致性就发挥调节作用，减弱微博对企业品牌形象的正面作用。简单地说，如果企业家的微博不够真实，浏览者会把它们看作虚假广告，不会对企业家和企业产生信任，会降低对企业品牌形象的评价。保证微博内容、企业家形象和企业品牌形象三者的整体一致性成为企业家管理微博的基础要求，只有让浏览者感受到相对一致的信息，基于微博的企业家积极评价才会传递到企业品牌形象的评价上。

5.2 展望与不足

第一，在研究对象和被试的选取上存在一定的局限性。一方面，以电子商务企业当当网作为研究对象在代表性上存在一定的局限；另一方面，以大学生为实验被试存在一定的局限性。考虑到微博用户的特征和电商用户的特征，本文选取较为贴切的大学生作为被试。但企业品牌形象面向的不仅仅是年轻人，在未来的研究中，需要验证研究结论在其他行业企业中的适用性。

第二，在微博要素的划分上，本文只考虑了内容和情感类型两方面，企业家微博发布频率、多媒体形式的运用等方面尚未纳入研究范围。在未来的研究中，可以拓展研究宽度。

第三，对社会时事相关的微博研究不足。实验主要对比了企业相关和个人相关微博对企业品牌形象评价的影响，社会时事相关的微博单独研究，缺乏深度。在未来的研究中，可以考虑细化社会时事相关的微博类型。

第四，在微博情感类型上，对负向情感微博的研究不足。由于人工操作的不适性，很难将正向情感和负向情感的微博相互转化，因此在实验设计上很难做好变量的控制。在未来的研究中，负向情感微博依然应该加以考察。

参 考 文 献

Biel & Alexander L. 1993. How Brand Image Drives Brand Equity. Journal of Advertising Research，
　　（2）：18.

彼得·德鲁克. 1989. 创新和企业家精神. 北京：企业管理出版社.

何志毅、王广富. 2005. 企业家形象与企业品牌形象的关系. 经济管理，（7）：19–23.

谢庆红、付晓蓉、李永强、何嫱. 2013. 企业家微博对企业品牌形象的影响及作用机制. 营销科
　　学学报，（4）：101–119.

上海市居民休闲文化市场聚类群体差异的实证研究

唐　鹏　郭英之　彭羽枫　黄荔桐*

【摘要】基于文化市场的扩张、供给侧改革的普及、"互联网+"的深入等背景，本文利用顾客满意度理论和需求层次理论分析了上海市居民对休闲文化市场的偏好特征。通过对 500 名上海市居民进行市场调研与深度访谈，本文运用聚类分析的方法分析样本数据。研究发现，就对文化休闲市场喜爱程度而言，上海市居民可以分为文化休闲抵触型与文化休闲偏好型聚类群体；就看重的休闲文化市场因素而言，可以分为关注核心休闲文化型和关注多元休闲文化型聚类群体；就对休闲认知的同意程度而言，则可以分为低认同型和高认同型聚类群体。在此基础上，研究为上海市休闲文化市场的供给侧改革提供了一些建议和启示。

【关键词】差异；聚类分析；休闲文化市场；居民；上海市

An Empirical Study on the Differences Between Cluster Groups of Markets of Leisure Culture in Shanghai

TANG Peng　GUO Yingzhi　PENG Yufeng　HUANG Litong

Abstract　Based on the background of the expansion of cultural market, the widespread of the reform of the supply side, and the extension of the "Internet plus", this study analyzed the features of preferences of inhabitants in Shanghai for markets of leisure culture with the theory of Customer Satisfaction and Hierarchy of Needs. By conducting market surveys and indepth interviews, the study further used cluster analysis to analyze the data and found that inhabitants could be divided into leisure-culture-rejecting type and leisure-culture-preferring type in terms of preferring degrees of markets of leisure culture for inhabitants in Shanghai, core-leisure-culture-focusing type and multi-leisure-focusing type in terms of markets of leisure culture factors emphasized by inhabitants in Shanghai, low-cognition type and high-cognition type in terms of inhabitants' satisfaction with leisure cognition in Shanghai. The study also put forward some suggestions and implications for the structural reform of the supply side

---

*唐鹏、彭羽枫、黄荔桐，复旦大学旅游学系硕士研究生；郭英之，复旦大学教授、博士生导师，旅游市场研究专家。

of markets of leisure in Shanghai.

Keywords Differences; Cluster Analysis; Markets of Leisure Culture; Inhabitants; Shanghai

1. Introduction

1.1 Background

Firstly, the leisure cultural market is expanding gradually. In 1995, the two-day weekend system came into effect in China, enabling citizens' work week to decrease from 48 hours to 40 hours. Besides, in 1999, China introduced the "Golden Week" system from Japan, so that inhabitants could have more time to travel owing to the achievement of longer breaks. Moreover, with the help of the *Regulation on Paid Annual Leave for Employees* issued in January 2008, Chinese works gained both legal protection for paid annual leave and various options for leisure time (Ma, 2015). In 2013, General Office of the State Council of the People's Republic of China issued *The Outline for National Tourism and Leisure (2013-2020)*, formulating the goal for the national tourism leisure era by 2020, it is likely to basically put in place a paid annual leave system for employees; urban and rural inhabitants' consumption in tourism and leisure would enjoy a substantial growth; healthy, civilized and environment-friendly ways for tourism and leisure would be widely accepted by the public; the quality of national tourism and leisure would be remarkably improved and a modern national tourism and leisure system required by an initially prosperous society would be brought into being. *The Outline for National Tourism and Leisure (2013-2020)* had also put forward China's main tasks and measures at this stage: enable sufficient time for national tourism and leisure; provide better environment of national tourism and leisure; improve infrastructure of national tourism and leisure; achieve product development and improve activity organizations of national tourism and leisure; offer better public services of national tourism and leisure; enhance service quality in national tourism and leisure (State Council, 2013). Based on the popularization of markets of leisure culture, it is reasonably necessary to study the leisure cultural market in Shanghai.

Secondly, the expansion of supply side reform. On November 10, 2015, President Xi presided over the eleventh meeting of the central financial leading group to discuss the economic structural transformation and city assignments, stressing that it is supposed to strive to strengthen the supply side structural reform, and improve the quality and efficiency of the supply system (Wang, 2015). On January 27, 2016, President Xi presided over the twelfth meeting of the central financial leading group, aiming to work out strategies of the supply side structural reform. In the background of the supply side reform, the central was firmly determined to wipe outexcess capacity, cutting overcapacity by means of restructuring zombie enterprises, accelerating enterprise mergers and acquisitions, expanding exports and accelerating the output of capacity (Gao, 2016). Specifically, the supply side structural reform strategy referring to President Xi included the following 7 points: ①The supply side reform should focus on adapting to the demand of the supply structure; ②The core of the supply side structural reform is to improve the quality and efficiency of supply to enhance the motivation of economic growth; ③The key of supply side structural reform is to rely on reform and innovation; ④The approach to realizing the supply side structural reform is to promote the economic structural reform and the strategic adjustment; ⑤To achieve the supply side structural reform is the guarantee of comprehensive policy; ⑥The supply side structural reform is based on the development of good programs; ⑦The structural reform of the supply side is to liberate and develop the productive forces and improve the relations of production (Li, 2016).

Thirdly, "Internet plus" has gradually extended. In March 2016, with the "NPC and CPPCC" held successfully, Premier Li submitted *The Report on the Work of the Government 2016* to the People's Congress (State Council, 2016). "Internet plus", which was included in the national strategy last year, is still getting attention. With the development in 2015, "Internet plus" has greatly promoted the integration of traditional industries and the Internet. It not only contributes to the creation of new products, technologies and model, but also offers opportunities to entrepreneurs to bring new development opportunities. Furthermore, it has brought great changes to people's lifestyle. In September 2015, the National Tourism Administration issued *The Notice of Implementation of the "Travel+Internet"* Plan (The National Tourism Administration Office, 2015), proposing the following goals of development: by 2018, the integration of China's tourism industry in various fields and the Internet industry will have been developed in both breadth and depth; the Internet will become an important power of China's tourism product and business innovation, playing an important role in tourism public service and industry supervision as a significant platform; online tourism investment accounts for 10% of the direct investment in tourism while online tourism consumption accounts for 15% of the national tourism expenditure. The notice has also made specific requirements on ten aspects including the regional tourism Internet infrastructure, interactive terminals, networking facilities, the business innovation of online travel, new formats of online travel, the financing of the "Travel + Internet" system, smart tourism, rural smart tourism, the smart-tourism public service and the network-marketing mode of tourism industry (The National Tourism Administration Office, 2015).

1.2　Significance

Firstly，this study provides reasonable information with the supply-side structural reform of markets of leisure culture in Shanghai. Based on cluster analysis of resident markets of leisure culture in Shanghai，the study made comparative analysis in three main aspects consisting of Shanghai inhabitants' affection for markets of leisure culture，valued markets of leisure culture factors and Shanghai inhabitants' cognition and awareness of markets of leisure culture. In the light of the analysis，the study put forward scientific and reasonable information and advice for the supply-side structural reform of markets of leisure culture in Shanghai.

Secondly，this study provides scientific macro suggestions for the realization of the target of national leisure tourism in Shanghai. Based on the macro background of realizing the goal of national leisure travel，the study analyzes the clustering group differences of Shanghai's markets of leisure culture in the background of "Internet Plus". It definitely meets the requirement of the high-quality national leisure era mentioned in *The Outline for National Tourism and Leisure* （2013–2020）. It is of meaningful progressiveness as well as significances. Also，it is practically significant to the decision makers of relevant industry.

2. Literature Review

2.1　Domestic Literature Review

（1）Domestic Literature Review about Markets of Leisure Culture.

From the perspective of markets of leisure culture，Zeng （2008） studied college students' markets of leisure culture and found that the quality of leisure life of college students was not high. It was deduced that surfing the Internet is an important way of entertainment. Besides，the general mode of markets of leisure culture groups was goofing，as they were still in a blind state. The study concluded with the necessity of leisure education. Li （2012） analyzed the markets of leisure culture of the elderly in Changchun and put forward improvement suggestions. It was asserted that the major factor leading to the restriction of their participation is the lack of instruction and sport facilities，followed by health factors. Also，it was pointed out that the main purpose of the elderly to participate in the markets of leisure culture was to prolong life and strengthen the body；Chen （2013） studied markets of leisure culture of those aged 60 and above in Chengdu from the dimensions of leisure motivation，leisure time，leisure type and quality of leisure life，concluding that the elderly markets of leisure culture was single，and their main motivation was the release of mind and body. Based on the analysis，the author proposed advice from four dimensions including individual, family, community and society, suggesting that the elderly should abandon the negative markets of leisure culture and improve the quality of markets of leisure culture as well as physical and mental health; Tang（2014）selected the people in Suzhou as the research object and discussed the influence of various changes of leisure under the background of urbanization on folk sports. By using the methods of questionnaire and mathematical statistics, the author analyzed changes of leisure time, leisure space, leisure concept and the markets of leisure culture of Suzhou inhabitants, pointing out the development tendency of folk sports under the background of urbanization.

（2）Domestic Literature Review about Consumer Behavior.

Fang（2012）adopted literature analysis and questionnaire method to classify the definition of paragliding consumers based on grouping consumers（vals 2 model）as well as theory of constraints, building cross the vals 2 model with leisure theory of constraints model to discuss and analyze the progress of the consumer type hierarchy. Besides, the paper made suggestions on the marketing of paragliding from the three aspects of government, related industry and the club; Wu（2013）reviewed literature of previous scholars on the theory of consumer behavior and the impacts of culture on tourists' consumer behavior and analyzed different features of culture in China and the United States through five cultural dimensions of Hofstadter. It was indicated that there were both differences and similarity between Chinese and American tourists in tourism consumption behavior; Combining with the development of China's Rural Tourism under the impetus of national economic promotion, policy support and market demand, Shang and He（2015）studied tourism decision – making, tourism experience and tourism evaluation behavior of rural tourism consumers. To sum up the general rules of consumer behavior in tourism, they collected the data by a questionnaire survey and took Shanghai rural tourism as an example, and finally drew the conclusion that the source structure was basically reasonable and showed its own characteristics such as the emergence of a wide range of market trends; Yang（2016）reviewed the concept of wisdom tourism and analyzed the present situation of the construction of wisdom tourism in China. It was suggested that in terms of development strategy of the construction of wisdom tourism, it is supposed to develop reasonable plans, follow the principle of proceeding in an orderly way and step by step, and do a good job in the pilot work. As for influence mechanism, the emergence of intelligent tourism would affect the psychological experience of tourists and provide more choices for tourists, so that visitors could give full play to their autonomy.

2.2　Foreign Literature Review

（1）Foreign Literature Review about Markets of Leisure Culture.

According to the long-term survey data towards Russian inhabitants collected by Sedova (2011), affected by the economic crisis, on the one hand, Russia's family budget for markets of leisure cultures significantly reduced; on the other hand, the markets of leisure cultures of the working class in Russia was seriously affected by the free time, and tended to be simplified, but there was no obvious change in the type of markets of leisure cultures of those who had relatively abundant time and budget. Wagner (2014) discusses the purchase behavior of many post-war immigrants in Morocco, Belgium and Holland, which indicated that they had intended to use the houses as a place for retirement, but the result wasit finally became a family holiday villa as well as a group of leisure space. This paper analyzed the periodicity of the leisure space and some existing problems: It not only had the periodicity and promoted the exchange, but also intensified the inequality between family members. Sally and Clement (2014) investigated the relationship between the prevalence of inhabitants in Nigeria and the markets of leisure culture, and found that more than 80% of the adult possessed a very small markets of leisure culture, which did not meet the requirements of WHO. These adults also had a low health level, and they were likely to be infected with infectious diseases in Africa. At last, it was pointed out that the increase of the market level of leisure culture would help to reduce the prevalence of non-communicable diseases. Köhncke, Laukka, Brehmer, etc. (2016) examined the relationship between market participation, cognitive aging and brain changes in the leisure culture of people over the age of 80. By collecting a great number of samples, the study supposed that the leisure cultural market could protect the white matter microstructure from damage to some extent and slow down the aging of the brain based on the theory of biological aging.

（2）Foreign Literature Review about Consumer Behavior.

Crouch, Devinney, Louviere, etc. (2009) analyzed consumers' decision-making behavior faced with the emerging space tourism from the dimensions of gender, age, education and income. Based on this, a model was built for analysis and prediction. The result showed that the price, the type of space tourism, the requirements of the nationality of the operator to the passengers, the degree of space congestion and the number of flight training before the trip would affect the behavior of tourists; Li, Li and Hudson (2013) further studied tourism consumer behavior based on tourism consumption system, and come to a conclusion that there were significant differences among different generations in the aspects of information source preference, destination tour history, future destination preference, destination evaluation criteria and tourism activity preference. Besides, there existed an important similar point, that was, the characteristics of the same generation were more similar; Solstrand and Gressnes (2014) studied tourists who did not comply with the Norway's export quota of 15 kilograms and its impact on the well-being of the community. Research data proved that there was no significant correlation between tourists' behavior at home and support of more stringent provisions, and strengthened regulations might have a negative impact on consumer wishes. Therefore, relaxation of regulations was proposed to drive consumer wishes and thus have a positive impact on the environment, economy and society; Pearce (2016) reviewed Australia contributions to the study of tourism consumer behavior and stressed some of the highlights Australia made in this regard. This paper reviewed a series of related literature in Australia from four aspects: tourism motivation, tourism market segments, field experience, and the results of tourist travel, which was of great significance to the research on consumer behavior.

2.3 Review of Domestic and Foreign Research

(1) Comparison of Domestic and Foreign Research Contents.

Firstly, the similarity of domestic and foreign research contents. First of all, when analyzing markets of leisure culture, both domestic and foreign studies have studied the market in a particular class; also, the influence factors of markets of leisure culture are taken into consideration and discussed from the perspective of psychological and physical aspects; additionally, when analyzing customer behavior, both domestic and foreign research aims to describe the factors which have impact on consumer behavior and cause behavior deviation among different individuals; besides, analysis on previous consumption behavior problems and defects can be found in both studies with reasonable suggestions and improvement plan put forward.

Secondly, the differences between domestic and foreign research contents. On the one hand, according to research on markets of leisure culture, domestic research attempts to study the specific group of network markets of leisure culture through combination with the Internet era, and analyzes the influence factors of markets of leisure culture from the perspective of in viduals and communities; by contrast, in addition to positive factors, foreign research focuses on the negative factors of consumers influencing markets of leisure culture, and discusses the difference between different customer groups. On the other hand, when studying customer behavior, related domestic research pays close attention to the differences of various national consumer behavior, and analyzes the causes relying on foreign theory; but referring to foreign research, the key point is the difference between consuming behavior of individuals who possess different early experience, also, the analysis towards consumer behavior is undertaken viadiverse aspects containing materialism, impulse domestic consumption, the original theory.

(2) Comparison of Domestic and Foreign Research Methods.

Firstly, the similarity of domestic and foreign research methods. First of all, the same research method on markets of leisure culture is that, from a quantitative perspective, all first-hand data are collected by the means of market research and analyzed by statistical methods; from the qualitative point of view, the studies all use the method of literature review of existing research progress. Besides, the same research methods about consumer behavior is that, from a quantitative perspective, the studies all use mathematical analysis method and model method to construct the relations between factors of consumer behavior, and from the qualitative point of view, they all review relevant concepts and literature.

Secondly, the differences between domestic and foreign research methods. First of all, from the quantitative point of view, when analyzing markets of leisure culture, domestic studies tend to use the method of combining online and offline access to data, while foreign studies, prefer adopting ethnography research method, at the same time, a lot of analysis models are established through logistic regression; Additionally, from the qualitative point of view, the domestic tend to use the interdisciplinary theory to analyze different leisure themes, while the foreign focus on the use of control group when analyze data about leisure. Furthermore, when analyzing customer behavior, from the quantitative point of view, domestic studies do regression analysis through the establishment of hyperbolic discounting model of self-control deviation in consumer perception, while the foreign ones pay more attention to the performance, process and results of each dimension of the model; in addition, from the qualitative point of view, domestic studies emphasize the importance of case analysis, while the foreign ones focus on life cycle theory in the aspects of consumer behavior.

（3）Innovation.

Firstly, the lack of domestic and foreign research. First of all, from the research content, restricted background, economic conditions and other external factors, the domestic and foreign research on related research in line with the network market behavior of advanced leisure culture background such as "Internet plus" era of less, especially on the case with the supply side of the structural reform of the domestic Research of the related literature, is not with the times and meaning; besides, from the perspective of research, the previous research at home and abroad through the analysis of multi dimension difference between internal groups, which belongs to the internal longitudinal comparison between corresponding groups of respondents, the lack of the clustering analysis between groups comparison and difference, research angle has certain similarity.

Secondly, the innovation of this study in terms of the innovation of research background, this study was based on the *Outline of National Tourism and Leisure (2013-2020)*, the "Internet plus" and the structural reform of the supply front, all of which had distinctive significances and characteristics. Combined with the background of the new era, the study further analyzed the features of preferences of cluster groups of inhabitants in Shanghai for markets of leisure culture. Besides, in terms of the innovation of research perspective, in this study, cluster groups of markets of leisure culture of inhabitants in Shanghai were selected as the research object, with cluster analysis of different dimensions of inhabitants in Shanghai in terms of different demographic features, which could provide effective strategies for the supply side structural reform.

3. Theoretical Basis

3.1　The Customer Satisfaction Theory

Customer satisfaction theory was first proposed by Cardozo (1965). According to the theory, improving customer satisfaction could stimulate customers' desire to repurchase and cultivate their loyalty. In order to evaluate the degree of customer satisfaction, it was necessary to establish a customer satisfaction model with multiple evaluation indexes. Referring to Han (2015), a college canteen customer satisfaction model was constructed from three dimensions consisting of food quality perception, perceived service quality and perceived dining environment based on the theory of customer satisfaction and the American customer satisfaction model (American Customers Satisfaction Index, abbreviated ACSI). On the basis of this, the market research and the analysis of the sample data of Beijing Forestry University were studied. The results showed that the overall satisfaction of the canteen customers = $0.677 \times$ food quality $+ 0.235 \times$ service quality $+ 0.106 \times$ dining environment $+ 3.185$, by the way, food quality and service quality were still improvable. Zhang (2011) explored the relationship between the amusement quality of theme parks and tourist satisfaction based on the theory of customer satisfaction, and analyzed the main factors that affect the quality of the two determinants. This study selected the theme park named Guosetianxiang in Chengdu as the object, and put forward the conceptual model, hypothesis and empirical analysis from the four dimensions of the desired quality, cognitive performance, recreation satisfaction and recreation quality. The results showed that the theme park should improve customer participation and customer satisfaction through innovative service, interactive service processes and enhanced services details. Eid and EI-Gohary (2015) used the theory of tourist satisfaction to study the influence of Islam on the relationship between perceived value and tourist satisfaction. The research undertook market research and empirical analysis from nine dimensions including quality, price, emotional value, social value, physical properties of Islam, non-physical properties of Islam, the Islamic faith, Islam behavior and customer satisfaction. The results of structural equation model analysis indicated that the quality, price, emotional value, social value, the physical attributes of Islam, and the non-physical attributes of Islam had a significant positive impact on customer satisfaction.

3.2　Hierarchy of Needs Theory

Maslow's hierarchy of needs theory is one of the theories of humanism, which was put forward by American psychologist Maslow (1943) in The Theory of Human Motivation. According to the theory, human needs are divided into five categories, from low to high, which are: physiological needs, security needs, social needs, respect needs and selfrealization needs. Xie (2008) reviewed relevant definition about leisure and leisure sports in domestic and foreign scholars on the basis of the hierarchy of needs theory. From the perspective of demand level theory, the research pointed out that the formation of leisure sports met the advanced needs of human value system while the function of leisure sports met the advanced needs of human value system. Dai, Zhou, Zhang (2016) analyzed social needs, material, values, cognition and self-realization characteristics of the Guangzhou middle class in different hierarchy according to Maslow's hierarchy of needs theory. The results showed that the social and economic development in Guangzhou was relatively mature, and the middle class had been rapidly developed with a higher level of education, income and social status. Compared with the general class, for the middle class, needs of love, belonging and respect accounted for the majority part of demand, while physiological and security needs occupied a smaller proportion, and selfrealization was rather welcomed. Woo, Kim, Uysal (2016) selected four dimensions consisting of tourism motivation, restriction factors, leisure life satisfaction, life satisfaction toanalyze the life quality of elderly tourists with the help of Maslow's hierarchy of needs theory. The results revealed that tourism motivation had a positive impact on leisure life satisfaction, while tourism restriction factors had no significant effect on leisure life satisfaction. In addition, leisure life satisfaction was directly related to overall life satisfaction.

4. Data Sources

4.1　Questionnaire Design

Based on literature review, in-depth interviews with inhabitants in Shanghai and communication with relevant experts and scholars, the study designed a questionnaire about preferences of inhabitants in Shanghai for markets of leisure culture. The main contents of the questionnaire were as follows: firstly, preferences of inhabitants in Shanghai for markets of leisure culture and leisure space; secondly, specific influ-ence factors of leisure preferences; thirdly, demographic data of inhabitants in Shanghai.

4.2 Market Research

In order to obtain the latest data on the preferences of inhabitants in Shanghai for markets of leisure culture, this study began in early December 2016 and ended in early January 2017. Market surveys were conducted at subway stations, business districts, squares and parks, local train stations, etc. in Shanghai, where there were a multitude of people. 580 questionnaires in total were eventually gathered, with 500 valid questionnaires and the effective rate being 86.21%. This study used cluster analysis.

4.3 Research Methods

The study applied the statistical software SPSS 22.0 to analyze the de-mographic characteristics of Shanghai inhabitants. The corresponding clustering groups were clas-sified from the following three aspects: The degree of cultural leisure market, the market factors of leisure culture, and the degree of cognition of leisure cognition. In order to study conspicuousness of the difference and the reason for its existence, the study made horizontal and vertical comparison of different cluster groups.

5. Research Results

5.1 Cluster Analysis on Shanghai Inhabitants' Preferring De -grees of Markets of Leisure Culture

As can be inferred from table 1, there exists certain difference in Shanghai inhabitants' degree of affection for markets of leisure culture. In order to determine the subdivision of the inhabitants in Shanghai, the research uses cluster analysis to further study the reasons for the differences in the preferences of inhabitants in Shanghai. The number of clusters is decided to be 2, and the inhabitants are divided into leisure-culture-rejecting type and leisure-culture-preferring type in terms of preferring degrees of markets of leisure culture. The cluster result of both types of inhabitants is as shown in table 2.

Table 1　An Analysis of the Differences in Preferring Degrees of Markets of Leisure Culture of Respondents from Different Clusters

Common Factor	Cluster Group 1	Cluster Group 2	Fvalue	Sig.
	Leisure-culture-rejecting type	Leisure-culture-preferring type		
Leisure	3.32	4.06	182.447	0.0000***
Culture	2.44	3.83	665.519	0.0000***

Note: * p < 0.05, ** p < 0.01, *** p < 0.001.

Table 2　The Social and Demographic Characteristics of the Respondents of Different Cluster Groups on the Preferences of Cultural Leisure Market

Items	Corresponding value	Cluster Group 1 Leisure-culture-rejecting type (N=228)			Cluster Group 2 Leisure-culture-preferring type (N=272)		
		Frequency	Frequency rate (%)	Mean Value	Frequency	Frequency rate (%)	Mean Value
Residence Time	Less than 1 year=1	8	3.51	3.60	18	6.62	3.37
	1–3 years=2	58	25.44		72	26.47	
	4–6 years=3	32	14.04		52	19.12	
	7–9 years=4	49	21.49		51	18.75	
	More than 10 years=5	81	35.53		79	29.04	
Residential District	Huangpu District=1	20	8.77	6.71	20	7.35	6.53
	Jing'an District=2	28	12.28		38	13.97	
	Xuhui District=3	15	6.58		27	9.93	
	Changning District=4	11	4.82		8	2.94	
	Yangpu District=5	24	10.53		35	12.87	
	Hongkou District=6	15	6.58		14	5.15	
	Putuo District=7	13	5.70		16	5.88	
	Pudong New Area=8	23	10.09		30	11.03	
	Baoshan District=9	16	7.02		26	9.56	
	Jiading District=10	9	3.95		4	1.47	

Continued

Items	Corresponding value	Cluster Group 1 Leisure-culture-rejecting type (N=228)			Cluster Group 2 Leisure-culture-preferring type (N=272)		
		Frequency	Frequency rate (%)	Mean Value	Frequency	Frequency rate (%)	Mean Value
Residential District	Minhang District=11	28	12.28		16	5.88	
	Songjiang District=12	13	5.70		11	4.04	
	Qingpu District=13	5	2.19	6.71	11	4.04	6.53
	Fengxian District=14	4	1.75		8	2.94	
	Jinshan District=15	4	1.75		8	2.94	
The Distance to the City Center	Within 20 minutes' drive=1	23	10.09		26	9.63	
	20–40 minutes' drive=2	61	26.75		79	29.26	
	40–60 minutes' drive=3	53	23.25	3.07	71	26.30	2.99
	1–2 hours' drive=4	59	25.88		59	21.85	
	Beyond 2 hours' drive=5	32	14.04		35	12.96	
Car Possession	Yes=1	138	60.53	1.39	177	65.31	1.35
	No=2	90	39.47		94	34.69	
Gender	Male=1	117	51.32	1.49	169	62.13	1.38
	Female=2	111	48.68		103	37.87	
Marriage	Single=1	113	49.56	1.50	121	44.49	1.56
	Married=2	115	50.44		151	55.51	

Continued

Items	Corresponding value	Cluster Group 1 Leisure-culture-rejecting type (N=228)			Cluster Group 2 Leisure-culture-preferring type (N=272)		
		Frequency	Frequency rate (%)	Mean Value	Frequency	Frequency rate (%)	Mean Value
Age	Aged<18=1	8	3.51	3.02	8	2.94	3.03
	Aged 18-25=2	69	30.26		71	26.10	
	Aged 26-35=3	88	38.60		119	43.75	
	Aged 36-45=4	42	18.42		54	19.85	
	Aged 46-60=5	15	6.58		18	6.62	
	Aged>60=6	6	2.63		2	0.74	
Monthly Income	≤2000=1	17	7.46	3.34	33	12.13	3.42
	2001-4000=2	48	21.05		30	11.03	
	4001-6000=3	68	29.82		75	27.57	
	6001-8000=4	47	20.61		76	27.94	
	8001-10000=5	31	13.60		39	14.34	
	≥10001=6	17	7.46		19	6.99	
Education	Junior high school and below=1	17	7.46	2.65	10	3.69	2.76
	High school/Technical secondary school=2	70	30.70		74	27.31	
	University/College=3	117	51.32		159	58.67	
	Master degree or above=4	24	10.53		28	10.33	

Continued

Items	Corresponding value	Cluster Group 1 Leisure-culture-rejecting type (N=228)			Cluster Group 2 Leisure-culture-preferring type (N=272)		
		Frequency	Frequency rate (%)	Mean Value	Frequency	Frequency rate (%)	Mean Value
Occupation	State-owned enterprise staff=1	34	14.91	5.18	39	14.34	5.44
	Foreign enterprise staff=2	18	7.89		25	9.19	
	Private enterprise staff=3	58	25.44		56	20.59	
	Individual businessman=4	21	9.21		19	6.99	
	Civil servant=5	5	2.19		16	5.88	
	Service worker=6	22	9.65		20	7.35	
	Professional technical personnel=7	19	8.33		22	8.09	
	Teacher=8	5	2.19		12	4.41	
	Student=9	15	6.58		31	11.40	
	Retiree=10	9	3.95		5	1.84	
	House wife=11	4	1.75		2	0.74	
	Soldier=12	1	0.44		1	0.37	
	Worker=13	4	1.75		6	2.21	
	Institution staff=14	8	3.51		14	5.15	
	Farmer/fisherman=15	2	0.88		3	1.10	
	Others=16	3	1.32		1	0.37	

Among 500 Shanghai respondents, there are 228 people in Cluster Group 1 (leisure –culture –rejectingtype), accounting for 45.6% of the total; while Cluster Group 2 (leisure–culture–preferring type) contains 272 people as 54.4% of the total, slightly higher than the proportion of the first group. The analysis of variance shows that the probability of F statistic of the two common factors (leisure and culture) is less than 0.001, which indicates that the difference between the leisure –culture – rejecting type and the leisure–culture–preferring type is very remarkable.

(1) Demand Characteristics of Preferring Degrees of Markets of Leisure Culture of Leisure–culture–rejecting Cluster Group.

As Table 1 shows, on the one hand, the leisure–culture–rejecting type's evaluation value of leisure activities (3.2) is rather significant and above the evaluation value of cultural activities (2.44). It is consistent with the characteristics of the conflict of culture and leisure, as leisure activities can meet the entertainment needs and goals of this group in a better way. On the other hand, the evaluation value of the leisure –culture –rejecting type on the leisure activities regarded as common factors (3.32) is less than that of the leisure–culture–rejecting one (4.06).

As shown in Table 2, the leisure –culture –rejecting type is of the following characteristics: ①Inhabitants living in Shanghai for 10 years or more account for the largest proportion as 35.53%; ②Inhabitants in Jing'an and Minhang District account for a larger proportion, both of whom reach 12.28%; ③Inhabitants whose distance from the city center ranges from 20 to 40 minutes occupies a relatively higher percentage as 26.75%; ④The majority is of private–car possession, accounting for 60.53% of the total; ⑤The proportion of men (51.32%) is slightly higher than that of women (48.68%), but it is not significant; ⑥There is no significant difference in the proportion of the married (50.44%) and the single (49.56%); ⑦The 26–35 yearold population accounts for 38.60%; ⑧The majority has monthly income between 4001 and 6000 Chinese RMB Yuan, which makes up 29.82% of this type; ⑨51.32% of them own university / college degree; ⑩When it comes to occupation, private enterprise staff occupies the largest proportion as 25.44%.

To sum up, the leisure –culture –rejecting type can be regarded as a kind of group with entertainment and leisure preference, who is not interested in the higher cultural connotation or the need of using intelligence:

Firstly, the reason of the non–native characteristic of Shanghai culture. Since the beginning of the twentieth Century, Shanghai has integrated the cultural characteristics of various countries and gathered a variety of Western entertainment and entertainment ideas. Inhabitants living in Shanghai for more than 10 years are influenced by these cultural characteristics, and they are more inclined to use recreational activities to adjust leisure life.

Secondly, the reason of Regional facility differentiation. The distribution of leisure facilities between the Shanghai administrative regions is extremely uneven. The Peoples Square in Huangpu District has a total of 2526 leisure spaces, compared with only about 495 in the southern city of Minhang District (Li, 2016). This results in more entertainment options for the inhabitants of the central city and its neighborhood.

Thirdly, the disadvantages of traffic planning. Although Shanghai has a developed city public transportation system and its total operating mileage of subway ranks No.1 in the world, the planning route attempts to meet the requirement as far as possible and therefore appears "jumbled bending", offering more flexibility in leisure for inhabitants who have access to private transportation, not limited by the subway stations of leisure space any more.

Fourthly, the reason of the entertainment of young groups. The young group (26-35 years old) have a more significant preference for leisure activities. this kind of inhabitants are of keen curiosity, and always striving for distinction. They also have the strong ability to accept new things, so they tend to pay more attention to leisure activities rather than explore the cultural connotation of activities.

Fifthly, the reasons of the freedom of income. The cultural activities on the one hand need higher literacy, on the other hand is costly, such as exhibition, concert, collect items etc. In the case of limited income (4001-6000 Chinese RMB Yuan), respondents pay more attention to economic leisure activities.

Sixthly, the reasons of the diversification of educational background. A group with a bachelor's degree or higher education will have a higher level of awareness of new things than others. Compared to other cultural level inhabitants, such inhabitants can get more choicesin leisure activities, and the entertainment and leisure of the activities may be fully mobilized.

Finally, the reasons of the flexibility of work arrangements. Due to the unimplemention of the institutionalization and standardization of the management of private enterprises, the rest time and the work schedule will have a certain degree of flexibility. In the case of dominant time, employees tend to choose a variety of leisure activities for entertainment.

(2) Characteristics of Preferring Degrees of Markets of Leisure Culture of Leisure-culture-rejecting Cluster Group.

As can be seen in table 1, on the one hand, the preference value for leisure activities of this group is more significant, which is 4.06, greater than the value of cultural activities (3.83). It is in line with the characteris- tics of leisure market. On the other hand, the evaluation value of the cultural leisure preference on the common factor cultural activities (3.83) is greater than the cultural leisure conflict type (2.44) and the evaluation value of leisure activities (3.32).

As shown in Table 2, the leisure-culture-preferring type is of the following characteristics: ①Inhabitants living in Shanghai for 10 years or more account for the largest proportion as 29.04%; ②Inhabitants in Jing'an District account for a larger proportion, which reaches 13.97%; ③Inhabitants whose distance from the city center ranges from 20 to 40 minutes occupies a relatively higher percentage as 29.26%; ④The majority is of private-car possession, accounting for 65.31% of the total; ⑤ The proportion of men (62.13%) is remarkably higher than that of women (37.87%); ⑥The proportion of the married (55.51%) is higher than that of the single (49.49%); ⑦The 26-35 year-old population accounts for 43.75%; ⑧The majority has monthly income between 6001 and 8000 Chinese RMB Yuan, which makes up 27.94% of this type; ⑨58.67% of them own university/college degree, accounting for the largest proportion; ⑩ When it comes to occupation, private enterprise staff occupies the largest proportion as 20.59%.

Generally speaking, the leisure-culture-preferring group can be regarded as a general preference group, which has a significant preference for leisure and cultural activities, and is significantly stronger than that of the leisure-culture-rejecting type:

Firstly, the reasons of the broad interests of men. Compared with women, men have more hobbies and interests, especially in leisure, cultural and leisure markets. Gender differences in this group is very significant, the rate of menis 62.13%, indicating that men with preference for cultural leisure markets are more able to accept cultural leisure.

Secondly, higher fiscal dominance. Most respondents in this type have 6001-8000 Chinese RMB Yuan monthly income. There is more budget to participate in leisure and cultural activities. Because they have more discretionary income, these visitors will choose leisure activities of higher quality and cultural connotation of deep cultural activities.

Finally, the reasons of the high level of education. Many leisure-culture-preferring inhabitants have education experience as University/College, this is because of their higher education experience which contributes to a deeper pursuit of culture, and motivates them to enjoy the cultural spirit and the influence of the leisure and cultural activities.

5.2 Cluster Analysis of Markets of Leisure Culture Factors Emphasized by Inhabitants in Shanghai

As can be seen from table 3, there are significant differences among the markets of leisure culture factors emphasized by inhabitants in Shanghai. In order to determine the subdivision of the inhabitants, this study uses cluster analysis to further study the differences of the markets of leisure culture factors emphasized by inhabitants in Shanghai. The number of clusters is decided to be 2, and the inhabitants are divided into focus on core leisure culture and focus on multi leisure culture. The cluster result of both types of inhabitants is as shown in table 4.

Table 3　Analysis on Difference of Markets of Leisure Culture Factors Emphasized by Different Cluster Groups

Common Factor	Cluster Group 1	Cluster Group 2	F value	Sig.
	Core leisure culture focusing type	Multi leisure culture focusing type		
Related activity factor	3.00	4.09	448.094	0.0000***
Core activity factor	3.55	4.50	293.221	0.0000***

Note：$* p < 0.05$，$** p < 0.01$，$*** p < 0.001$.

Table 4　Differences in Socio Demographic Characteristics of Markets of Leisure Culture Factors among Respondents of Different Cluster Groups

Items	Corresponding value	Cluster group 1 Core leisure culture focusing type (N=268)			Cluster group 2 Multi leisure culture focusing type (N=232)		
		Frequency	Frequency rate (%)	Mean value	Frequency	Frequency rate (%)	Mean value
Residence Time	Less than 1 year=1	12	4.48		14	6.03	
	1–3 years=2	72	26.87	3.45	58	25.00	3.50
	4–6 years=3	47	17.54		37	15.95	
	7–9 years=4	57	21.27		43	18.53	
	More than 10 years=5	80	29.85		80	34.48	
Residential District	Huangpu District=1	18	6.72		22	9.48	
	Jing'an District=2	41	15.30		25	10.78	
	Xuhui District=3	20	7.46		22	9.48	
	Changning District=4	10	3.73		9	3.88	
	Yangpu District=5	31	11.57	6.68	28	12.07	6.54
	Hongkou District=6	15	5.60		14	6.03	
	Putuo District=7	16	5.97		13	5.60	
	Pudong New Area=8	25	9.33		28	12.07	
	Baoshan District=9	25	9.33		17	7.33	
	Jiading District=10	7	2.61		6	2.59	
	Minhang District=11	26	9.70		18	7.76	

Continued

Items	Corresponding value	Cluster group 1 Core leisure culture focusing type (N=268)			Cluster group 2 Multi leisure culture focusing type (N=232)		
		Frequency	Frequency rate (%)	Mean value	Frequency	Frequency rate (%)	Mean value
Residential District	Songjiang District=12	13	4.85	6.68	11	4.74	6.54
	Qingpu District=13	7	2.61		9	3.88	
	Fengxian District=14	6	2.24		6	2.59	
	Jinshan District=15	8	2.99		4	1.72	
The Distance to the City Center	Within 20 minutes' drive=1	23	8.65	3.15	26	11.21	2.89
	20–40 minutes' drive=2	65	24.44		75	32.33	
	40–60 minutes' drive=3	63	23.68		61	26.29	
	1–2 hours' drive=4	79	29.70		39	16.81	
	Beyond 2 hours' drive=5	36	13.53		31	13.36	
Car Possession	Yes=1	174	65.17	1.35	141	60.78	1.39
	No=2	93	34.83		91	39.22	
Gender	Male=1	155	57.84	1.42	131	56.47	1.44
	Female=2	113	42.16		101	43.53	
Marriage	Single=1	121	45.15	1.55	113	48.71	1.51
	Married=2	147	54.85		119	51.29	

Continued

Items	Corresponding value	Cluster group 1 Core leisure culture focusing type (N=268)			Cluster group 2 Multi leisure culture focusing type (N=232)		
		Frequency	Frequency rate (%)	Mean value	Frequency	Frequency rate (%)	Mean value
Age	Aged<18=1	11	4.10	2.98	5	2.16	3.08
	Aged 18–25=2	82	30.60		58	25.00	
	Aged 26–35=3	103	38.43		104	44.83	
	Aged 36–45=4	51	19.03		45	19.40	
	Aged 46–60=5	15	5.60		18	7.76	
	Aged>60=6	6	2.24		2	0.86	
Monthly Income	≤2000=1	31	11.57	3.16	19	8.19	3.64
	2001–4000=2	55	20.52		23	9.91	
	4001–6000=3	72	26.87		71	30.60	
	6001–8000=4	68	25.37		55	23.71	
	8001–10000=5	33	12.31		37	15.95	
	≥10001=6	9	3.36		27	11.64	
Education	Junior high school and below=1	10	3.75	2.74	17	7.33	2.67
	High school/Technical secondary school=2	82	30.71		62	26.72	
	University/College=3	142	53.18		134	57.76	
	Master degree or above=4	33	12.36		19	8.19	

Continued

Items	Corresponding value	Cluster group 1 Core leisure culture focusing type (N=268)			Cluster group 2 Multi leisure culture focusing type (N=232)		
		Frequency	Frequency rate (%)	Mean value	Frequency	Frequency rate (%)	Mean value
Occupation	State-owned enterprise staff=1	40	14.93	5.45	33	14.22	5.18
	Foreign enterprise staff=2	23	8.58		20	8.62	
	Private enterprise staff=3	58	21.64		56	24.14	
	Individual businessman=4	18	6.72		22	9.48	
	Civil servant=5	10	3.73		11	4.74	
	Service worker=6	24	8.96		18	7.76	
	Professional technical personnel=7	23	8.58		18	7.76	
	Teacher=8	10	3.73		7	3.02	
	Student=9	27	10.07		19	8.19	
	Retiree=10	7	2.61		7	3.02	
	House wife=11	4	1.49		2	0.86	
	Soldier=12	1	0.37		1	0.43	
	Worker=13	6	2.24		4	1.72	
	Institution staff=14	11	4.10		11	4.74	
	Farmer/fisherman=15	3	1.12		2	0.86	
	Others=16	3	1.12		1	0.43	

Among 500 Shanghai respondents, there are 268 people in Cluster Group 1 (focus on core leisure culture), accounting for 53.6% of the total; while Cluster Group 2 (focus on multi leisure culture) contains 232 respondents as 46.4% of the total, remarkably lower than the proportion of the first group. The analysis of variance shows that the probability of F statistic of the two common factors (related activity factor and core activity factor) is less than 0.001, which indicates that the difference between focus on core leisure culture and focus on multi leisure culture is very significant.

(1) The Characteristics of Leisure and Cultural Market Factors Which Are Concerned by Those Focusing on Core Leisure Culture.

As table 3 shows, on the one hand, the evaluation value made by the core leisure culture focusing type on core activity factor (3.55) was rather significant, and it is greater than the evaluation value made by the multi leisure culture focusing type towards related activity (3.00). It is consistent with the characteristics of a core - activity preference, as these groups are eager to have access to high-quality markets of leisure culture as well as space. On the other hand, the evaluation value (3.55) of the common factor (core activity factor) referring to the core leisure culture focusing type was less than that of the second cluster group (4.50).

As shown in Table 4, the focus on core leisure culture is of the following characteristics: ①Inhabitants living in Shanghai for 10 years or more account for the largest proportion as 29.85%; ②Inhabitants in Jing'an District account for a larger proportion, which reaches 15.30%; ③Inhabitants whose distance from the city center ranges from 1 to 2 hours occupies a relatively higher percentage as 29.70%; ④The majority is of private-car possession, accounting for 65.17% of the total; ⑤The proportion of men (57.84%) is remarkably higher than that of women (42.16%); ⑥The proportion of the married (54.85%) is higher than that of the single (45.15%); ⑦The 26-35 year-old population accounts for 38.43%; ⑧The majority has monthly income between 4001 and 6000 Chinese RMB Yuan, which makes up 26.87% of this type; ⑨58.67% of them own university/college degree, accounting for the largest proportion; ⑩When it comes to occupation, private enterprise staff occupies the largest proportion as 21.64%.

On the whole, the group focusing on the core leisure culture can be seen as a leisurely cultural market targeted preferences one, from the perspective of whom the design of the markets of leisure culture environment quality, service facilities and other core activities are of more importance. And here are the reasons:

Firstly, high living standards. Shanghai inhabitants who tend to focus on core leisure culture mainly live in Jing'an District. It indicates that the living environment and standards of this group are of higher quality. According to Maslow's demand hierarchy theory, one will chase more advanced needs and pay attention to various leisure factors with his low-level needs having been met.

Secondly, balance of leisure demand. Most of those focusing on core leisure culture have a distance to the city center of Shanghai ranging from 1 to 2 hours. After a long period of transportation, consumers fatigue both physically and mentally so that they tend to choose a high-quality, relaxed markets of leisure culture.

(2) The Characteristics of Leisure and Cultural Market Factors Which Are Concerned by Those Focusing on Multi Leisure Culture.

As table 3 shows, on the one hand, the evaluation value made by the multi leisure culture focusing type on core activity factor (4.50) was rather significant, and it is greater than the evaluation value towards related activity (4.09). On the other hand, the evaluation value of the common factor (related activity factor) referring to the multi leisure culture focusing type (4.09) was greater than that of the other cluster group in terms of evaluation value towards related activity factor (3.00) and core activity factor (3.55).

As shown in Table 4, the focus on multi leisure culture is of the following characteristics: ①Inhabitants living in Shanghai for 10 years or more account for the largest proportion as 34.48%; ②Inhabitants in Yangpu District account for a larger proportion, which reaches 12.07%; ③Inhabitants whose distance from the city center ranges from 20 to 40minutes occupies a rather high percentage as 32.33%; ④The majority is of private-car possession, accounting for 60.78% of the total; ⑤The proportion of men (56.47%) is remarkably higher than that of women (43.53%); ⑥The proportion of the married (51.29%) is higher than that of the single (48.71%); ⑦The 26-35 year-old population accounts for 44.83%, which occupies the main proportion; ⑧The majority has monthly income between 4001 and 6000 Chinese RMB Yuan, which makes up 30.60% of this type); ⑨57.76% of them own university/college degree, accounting for the largest proportion; ⑩When it comes to occupation, private enterprise staff occupies the largest proportion as 24.14%.

On the whole, the group focusing on the multi leisure culture can be seen as a comprehensively leisure factor focusing one, showing obvious preference for core activity factors and associated activity factors. They have a more significant preference of which the prominence is higher than that of the other chosen type. And here are the reasons:

Firstly, regional differences are diverse.Shanghai inhabitants who tend to focus on multi leisure culture mainly live in Yangpu District. Compared to the prosperous Jing'an District, Yangpu District's condition of markets of leisure culture types, quality and other factors are less developed. In the choice of limited circumstances, inhabitants tend to choose high-quality activities and value a variety of factors of markets of leisure culture.

Secondly, there exists differentiation in infrastructure. Most of those focusing on multi leisure culture have a distance to the city center of Shanghai ranging from 20 to 40 minutes. After a long period of transportation, consumers fatigue both physically and mentally so that they tend to choose a high-quality, relaxed markets of leisure culture. This part of the group is in a busy area, where the transportation, leisure, entertainment and other infrastructure is more perfect, so the evaluation of the core and associated activity factors of the markets of leisure culture is significantly higher.

5.3 Cluster Analysis of Inhabitants' Satisfaction with Leisure Cognition in Shanghai

As can be seen from table 5, there are significant differences among the inhabitants' satisfaction with leisure cognition in Shanghai. In order to determine the subdivision of the inhabitants, this study uses cluster analysis to further study the differences of the inhabitants' satisfaction with leisure cognition in Shanghai. The number of clusters is decided to be 2, and the inhabitants are divided into low cognition type and high cognition type. The cluster result of both types of inhabitants is as shown in table 6.

Table 5　An Analysis of the Differences of Cognitive Degree of Different Clusters on Markets of Leisure Culture

Common Factor	Cluster Group 1	Cluster Group 2	F value	Sig
	Low cognition type	High cognition type		
Cognition of experience and evaluation	3.41	4.36	318.377	0.0000***
Cognition of environment and price identification	2.84	3.92	389.548	0.0000***

Note: $*p < 0.05$, $**p < 0.01$, $***p < 0.001$.

Among 500 Shanghai respondents, there are 233 people in Cluster Group 1 (low cognition type), accounting for 46.6% of the total; while Cluster Group 2 (high cognition type) contains 267 respondents as 53.4% of the total, remarkably higher than the proportion of the first group. The analysis of variance shows that the probability of F statistic of the two common factors (leisure experience and evaluation of cognition, environment and price recognition) is less than 0.001, which indicates that the difference between low cognition type and high cognition type is very significant.

(1) Leisure Cognitive Degree Characteristics of Respondents of Low Cognition.

According to Table 5, on the one hand, the evaluation value made by the low cognition type on experience and evaluation cognition (3.41) is rather significant, and it is greater than the evaluation value of environment and price recognition (2.84). This is consistent with its general characteristics of leisure and the features that it is concerned about the leisure experience and reputation evaluation. On the

Table 6 Differences in Social Demographic Characteristics of Leisure Cognitive Consent in Different Clusters

Items	Corresponding value	Cluster Group 1 Low cognition type (N=233)			Cluster Group 2 High cognition type (N=267)		
		Frequency	Frequency rate (%)	Mean value	Frequency	Frequency rate (%)	Mean value
Residence Time	Less than 1 year=1	7	3.00	3.51	19	7.12	3.45
	1–3 years=2	62	26.61		68	25.47	
	4–6 years=3	42	18.03		42	15.73	
	7–9 years=4	49	21.03		51	19.10	
	More than 10 years=5	73	31.33		87	32.58	
Residential District	Huangpu District=1	15	6.44	6.77	25	9.36	6.47
	Jing'an District=2	33	14.16		33	12.36	
	Xuhui District=3	15	6.44		27	10.11	
	Changning District=4	8	3.43		11	4.12	
	Yangpu District=5	25	10.73		34	12.73	
	Hongkou District=6	17	7.30		12	4.49	
	Putuo District=7	15	6.44		14	5.24	
	Pudong New Area=8	25	10.73		28	10.49	
	Baoshan District=9	22	9.44		20	7.49	
	Jiading District=10	7	3.00		6	2.25	
	Minhang District=11	22	9.44		22	8.24	

Continued

Items	Corresponding value	Cluster Group 1 Low cognition type (N=233)			Cluster Group 2 High cognition type (N=267)		
		Frequency	Frequency rate (%)	Mean value	Frequency	Frequency rate (%)	Mean value
Residential District	Songjiang District=12	12	5.15	6.77	12	4.49	6.47
	Qingpu District=13	9	3.86		7	2.62	
	Fengxian District=14	3	1.29		9	3.37	
	Jinshan District=15	5	2.15		7	2.62	
The Distance to the City Center	Within 20 minutes' drive=1	20	8.62	3.16	29	10.90	2.91
	20-40 minutes' drive=2	56	24.14		84	31.58	
	40-60 minutes' drive=3	51	21.98		73	27.44	
	1-2 hours' drive=4	77	33.19		41	15.41	
	Beyond 2 hours' drive=5	28	12.07		39	14.66	
Car Possession	Yes=1	150	64.66	1.35	165	61.80	1.38
	No=2	82	35.34		102	38.20	
Gender	Male=1	136	58.37	1.42	150	56.18	1.44
	Female=2	97	41.63		117	43.82	
Marriage	Single=1	107	45.92	1.54	127	47.57	1.52
	Married=2	126	54.08		140	52.43	

Continued

Items	Corresponding value	Cluster Group 1 Low cognition type (N=233)			Cluster Group 2 High cognition type (N=267)		
		Frequency	Frequency rate (%)	Mean value	Frequency	Frequency rate (%)	Mean value
Age	Aged<18=1	8	3.43	3.03	8	3.00	3.02
	Aged 18-25=2	67	28.76		73	27.34	
	Aged 26-35=3	95	40.77		112	41.95	
	Aged 36-45=4	39	16.74		57	21.35	
	Aged 46-60=5	20	8.58		13	4.87	
	Aged>60=6	4	1.72		4	1.50	
Monthly Income	≤2000=1	19	8.15	3.23	31	11.61	3.52
	2001-4000=2	46	19.74		32	11.99	
	4001-6000=3	77	33.05		66	24.72	
	6001-8000=4	55	23.61		68	25.47	
	8001-10000=5	25	10.73		45	16.85	
	≥10001=6	11	4.72		25	9.36	
Education	Junior high school and below=1	11	4.72	2.68	16	6.02	2.73
	High school/Technical secondary school=2	75	32.19		69	25.94	
	University/College=3	124	53.22		152	57.14	
	Master degree or above=4	23	9.87		29	10.90	

Continued

Items	Corresponding value	Cluster Group 1			Cluster Group 2		
		Low cognition type (N=233)			High cognition type (N=267)		
		Frequency	Frequency rate (%)	Mean value	Frequency	Frequency rate (%)	Mean value
Occupation	State-owned enterprise staff=1	28	12.02		45	16.85	
	Foreign enterprise staff=2	18	7.73		25	9.36	
	Private enterprise staff=3	59	25.32		55	20.60	
	Individual businessman=4	16	6.87		24	8.99	
	Civil servant=5	9	3.86		12	4.49	
	Service worker=6	22	9.44		20	7.49	
	Professional technical personnel=7	21	9.01		20	7.49	
	Teacher=8	11	4.72	5.46	6	2.25	5.21
	Student=9	17	7.30		29	10.86	
	Retiree=10	10	4.29		4	1.50	
	House wife=11	2	0.86		4	1.50	
	Soldier=12	1	0.43		1	0.37	
	Worker=13	6	2.58		4	1.50	
	Institution staff=14	7	3.00		15	5.62	
	Farmer/fisherman=15	4	1.72		1	0.37	
	Others=16	2	0.86		2	0.75	

other hand, the evaluation value made by the low cognition type on experience and evaluation cognition (3.41) was less than that of the high cognition cluster group (4.36).

As shown in Table 6, the low cognition type is of the following characteristics: ①Inhabitants living in Shanghai for 10 years or more account for the largest proportion as 32.58%; ②Inhabitants in Jing'an District account for a larger proportion, which reaches 14.16%; ③Inhabitants whose distance from the city center ranges from 20 to 40 minutes occupies a rather high percentage as 31.58%; ④The majority is of privatecar possession, accounting for 61.80% of the total; ⑤The proportion of men (56.18%) is remarkably higher than that of women; ⑥The proportion of the married (52.43%) is higher than that of the single; ⑦The 26-35 yearold population accounts for 41.95%, which occupies the main proportion; ⑧The majority has monthly income between 4001 and 6000 Chinese RMB Yuan, which makes up 33.05% of this type; ⑨53.22% of them own university/college degree, accounting for the largest proportion; ⑩When it comes to occupation, private enterprise staff occupies the largest proportion as 25.32%.

Generally speaking, the group of low cognition can be considered to show stronger agreement on experience and evaluation cognition, focusing on personal leisure feelings and reputation evaluation. But all of its evolution values are lower than those of the high cognition type. And here are the reasons:

Firstly, the income budget is of limitation. Most of the low cognition inhabitantsin Shanghai earn a 4001-6000 Chinese RMB Yuan income monthly, leading to less free domination. Therefore, in order to save costs and realize its function, its choosing of markets of leisure culture and space will be more careful. As a result, they agree with the leisure experience and evaluation to a greater extent.

Secondly, there existssome basic regional characteristics. Low cognition clusters inhabitants are mainly living in Jing'an District which is considered as the most bustling area in Shanghai. There is more diversification of markets of leisure culture and space as well as freedom of choices in such developed regions, resulting in higher evaluation of leisure experience and evaluation cognition.

(2) Leisure Cognitive Degree Characteristics of Respondents of High Cognition.

According to Table 5, on the one hand, the evaluation value made by the high cognition type on experience and evaluation cognition (4.36) is rather significant, and it is greater than the evaluation value of environment and price recognition (3.92). On the other hand, the evaluation value made by the high cognition type on experience and evaluation cognition (4.36) was more than that made by the lower cognition cluster group (3.41). And it also exceeds the evaluation value of environment and price cognition (2.84).

As shown in Table 6, the high cognition type is of the following characteristics:

①Inhabitants living in Shanghai for 10 years or more account for the largest proportion as 34.48%; ②Inhabitants in Yangpu District account for a larger proportion, which reaches 12.73%; ③Inhabitants whose distance from the city center ranges from 20 to 40 minutes occupies a rather high percentage as 32.33%; ④The majority is of private-car possession, accounting for 60.78% of the total; ⑤The proportion of men (56.47%) is remarkably higher than that of women (43.53%); ⑥The proportion of the married (51.29%) is higher than that of the single (48.71%); ⑦The 26-35 year-old population accounts for 44.83%, which occupies the main proportion; ⑧ The majority has monthly income between 6001 and 8000 Chinese RMB Yuan, which makes up 25.47% of this type; ⑨57.14% of them own university/college degree, accounting for the largest proportion; ⑩When it comes to occupation, private enterprise staff occupies the largest proportion as 20.60%.

Generally speaking, the group of high cognition can be considered to be of full recognition of leisure perception. Its evaluation values of the experience, the evaluation, the environment and the price assessment are all in a high level.

Firstly, the intermediate income distribution. Roughly speaking, paying attention to the experience and evaluation, the high cognition cluster groups in Shanghai tend to have monthly income of 6001-8000 Chinese RMB Yuan, and their disposable income is more than that of lower income groups. But compared to high income ones, this group also pay more attention to the environment and cost, so they have more comprehensive perception of leisure cognition.

Secondly, the significance of regional differentiation. The high cognition cluster groups are mainly in Yangpu District. Yangpu District has various types of leisure projects, and its leisure experience and evaluation are of high recognition. Besides, there are obvious regional differences in Yangpu District, including different leisure atmosphere and leisure prices, so the perception of leisure cognition is more comprehensive.

6. The Structural Reform of Supply-Side

6.1　The Structural Reform of the Supply Side of Shanghai Inhabitants' Preferring Degrees of Markets of Leisure Culture

Because of the preferences of the inhabitants in Shanghai's cultural and leisure market, there are two kinds of clustering groups, namely, leisure-culture-rejecting type and leisure-culture-preferring type. Accordingly, the corresponding supply side structural reform strategies are as followed.

First of all, the structural reform strategies of the supply side of the cultural and leisure conflict cluster are:

Firstly, the structural reform strategy of leisure participation supply side. Inhabitants are not satisfied with the leisure tourism solely. They hope to be able to invest in tourism products, personal experience, and the operation of tourism products. In the marketing of the corresponding tourism products, it is supposed to avoid blindly propaganda aesthetic, popular science function. And it is supposed to be combined with the market demand for consumers to participate in, focusing on the consumer´s participation experience and entertainment purposes.

Secondly, integrated leisure resources supply side structural reform strategy. As for the young, they have a lot of resources to choose from. Because of the craving for the convenience and interest in new features according to this type of group, it is necessary to focus on communication and marketing related to the integration of tourism resources, including new leisure and leisure products, leisure culture, market facilities. While ensuring the accessibility of transportation resources and other aspects of the promotion, it is supposed to transfer consistent product information and reduce unnecessary worry.

Thirdly, the activities of the entertainment side of the supply side structural reform strategy. This kind of group pays attention to leisure, so it is supposed to establish the relationship with customers through the products and forms of leisure and entertainment. At the same time, this kind of marketing mode is innovative, which can stimulate the curiosity and participation consciousness of consumers and attract the attention of consumers.

In addition, the structural reform strategies of the supply side of the cultural leisure preference cluster are:

Firstly, male gender differences in supply side structural reform strategy. There are significant differences in preferences for leisure and cultural activities of different genders in Shanghai city inhabitants, the development of it can be leisure products or activities for acceptable male leisure and cultural products, in order to meet male consumers' psychological differences, knowledge innovation and dual needs of material and spiritual entertainment.

Secondly, the dominant structure of the income side of the supply side structural reform strategy. Breaking through the traditional marketing methods can only qualitative constraints and make quantitative positioning of the resident leisure characteristics, such as disposable income. While using this method, it is supposed to quickly locate the target consumers, and realize long-term stable development on the basis of the development of leisure products. This approach can also meet the minimum cost of leisure inhabitants and businesses.

Thirdly, leisure products cultural supply side structural reform strategy. Leisure products should reflect consumers in the pursuit of cultural elements, emphasize the cultural connotation of the product embodies the enterprise, organizational culture, purpose and ideas. In this type of marketing, leisure, cultural products and activities areprovided with individualized enterprise culture, so cultural factors can be added into the marketing mix, and the leisure styles therefore receive more recognition from customers.

6.2　The Structural Reform of the Supply Side of Markets of Leisure Culture Factors Emphasized by Inhabitants in Shanghai

Because the important influence factors of markets of leisure culture of Shanghai inhabitants can be classified into two kinds of clustering groups, namely, focus on core leisure culture and focus on multi leisure culture. Accordingly, the corresponding supply side structural reform strategies are as followed.

Firstly, the structural reform strategy of targeted leisure areas. For different administrative areas of Shanghai inhabitants, it is supposed to implement targeted marketing strategy. By providing the basic characteristics, the administrative region with the characteristics of the administrative region or meeting the actual needs of inhabitants of the leisure cultural market administrative region, it is supposed to create attraction to consumers, stabilize the passenger market, and establish a good business image.

Secondly, reputation improvement of the supply side structural reform strategy. Those who focus on multi leisure culture will pay more attention to environmental equipment, service facilities, reputation evaluation and core activity factors, so it is supposed to use a variety of media marketing and marketing channels, to establish a quality reputation through the market of leisure culture, get a good evaluation and appreciation among consumers and attract Shanghai inhabitants that pay attention to these activities factors of and spread good reputation through via this strategy.

6.3　The Structural Reform of the Supply Side of Inhabitants' Satisfaction with Leisure Cognition in Shanghai

Because according to Shanghai inhabitants' cognitive level of leisure cognition, there are two types of clustering groups, namely, low cognition of leisure cognition and high recognition of leisure cognition. Accordingly, the corresponding supply side structural reform strategies are as follows.

First of all, the structure of supply side structural reform strategy on leisure cognition of low cognition cluster:

Firstly, supply side structural reform strategy on differential income. The market for Shanghai inhabitants' leisure culture and leisure space marketing can be started from monthly income segments: according to the monthly income of 4001–6000 Chinese RMB Yuan group, it is necessary to increase the types and space of leisure market on the basis of the original to attract more stable consumer groups; for other income groups, it is significant to improve the existing market leisure culture space and reputation, in order to improve leisure cognition.

Secondly, the structural reform strategy of regional leisure fine supply side. In view of the low cognition cluster groups of Shanghai inhabitants live mainly in Jing'an District, the marketing aimed at Shanghai inhabitants and leisure space marketing should pay more attention to combining the characteristics of the region. Also, it is suggested to make dynamic improvement and adjustment to the leisure experience and evaluation of the actual feedback according to Shanghai inhabitants' need, in order to maintain and develop the recognition of leisure evaluation and experience.

Additionally, the structure of supply side structural reform strategy on leisure cognition of high cognition cluster:

Firstly, the overall structural reform strategy towards mobile space. In view of the market of leisure culture and leisure space for the inhabitants of Shanghai, the construction comprehensive marketing should focus on leisure culture and leisure space market: on the one hand, should highlight the forming, function and reputation of leisure culture and space on the market, and enhance the consumer experience; on the other hand, pay attention to the market price of leisure space planning and leisure culture, and increase the consumer perceptions on cognition of groups of different income.

Secondly, the structural reform strategy of the supply side of the subdivision area. Take into consideration that the high cognition cluster groups of Shanghai inhabitants live mainly in Yangpu District, the marketing aimed at Shanghai inhabitants in leisure culture and leisure space should focus on subdivision planning, make the overall plans of leisure culture and leisure space market, and emphasize the regional internal differences according to their own characteristics to adjust the market of leisure culture and leisure space, so as to improve the inhabitants' leisure cognition.

7. Conclusions

7.1 Research Conclusion

Firstly, in terms of the preferring degrees of markets of leisure culture, Shanghai inhabitants can be divided into two groups, namely, leisure-culture-rejecting type and leisure-culture-preferring type. Causes of differences of leisure-culture-rejecting type are as followed: The characteristics of Shanghai's culture, the difference of regional facilities, the imperfection of traffic planning, the affection of young people for entertainment, the freedom of income, the diversification of educational background and the flexibility of work arrangement. Therefore, policies to be implemented are as be implemented are as followed: leisure participation in the supply side of the side of the structure of the reform strategy, leisure resources integration side of the supply side of the structural reform strategy, activities, design and entertainment side of the supply side structural reform strategy. The reasons of the discrepancy between the culture and leisure preference cluster groups including male interest widespread reasons, financial high dominant reasons, cultural reasons for this high level, should implement the male gender differences in supply side structural reform strategy, income precision supply side structure reform strategy, culture and leisure products supply side structural reform strategy. Causes of differences of leisure-culture-preferring type are as followed: The universality of male interest, the higher financial dominance, the advantage of education. In view of this, these strategies should be implemented: the structural reform strategy of the male gender difference supply side, the structural reform strategy of the supply side of the supply side, the structural reform strategy of the supply side of the leisure product culture.

Secondly, in terms of the markets of leisure culture factors emphasized by inhabitantsin Shanghai, the inhabitants can be divided into two groups, namely, focus on core leisure culture and focus on multi leisure culture. The reasons of the discrepancy between the core concerns of leisure culture cluster groups include the balanced life level and high-end leisure demand, and the implementation of high quality leisure software supply side strategies, structural reform activities to develop user-friendly supply side structural reform strategy is needed. The reasons of the discrepancy between the multiple leisure culture cluster groups include regional differences of diversification causes and difference of infrastructure. The supply side structural reform strategy, reputation evaluation quality of supply side structural reform strategy implementation should be aimed at the leisure area.

Thirdly, in terms ofinhabitants' satisfaction with leisure cognition in shanghai, there are two types of clustering groups, namely, low cognition of leisure cognition and high recognition of leisure cognition. The reasons for the low identity of the markets of leisure culture include the limitation of income budget and the basic characteristics of regional characteristics. And as a result, the implement of the strategy of structural differentiation of differentiated supply side and the structural reform strategy of the supply side of regional leisure is needed. While the reasons for the high identity of the markets of leisure culture include the middle-income distribution and the regional differences. In view of this, it is necessary to carry out the comprehensive structural reform strategy of the supply side of the supply chain, and subdivide the supply side structural reform strategy of the region.

7.2 Research Limitations

This study focuses mainly on the characteristics of the cluster of markets of leisure culture in Shanghai, which is based on empirical research. However, there are limitations unavoidably:

Firstly, it is the limitation of time. This study is based on the "Internet plus" as the background analysis of Shanghai city inhabitants' markets of leisure culture preferences, and with the development of the times and technology, the Internet background will have different characteristics, so it is needed to combine the background with the study longitudinally, in order to form a more stable long-term reference strategy which is of great practical significance.

Secondly, it is the limitation of region. This research is based on Shanghai samples, and the level of economy of Shanghai is quite developed. Therefore, the conclusion of the characteristics of markets of leisure culture preference is not universal. Therefore, it should be combined with the characteristics of other cities, and make comparison of the markets of leisure culture clustering characteristics horizontally, so that the study will be more representative.

References

Cardozo, R. N. 1965. An Experimental Study of Customer Effort, Expectation, and Satisfaction. *Journal of Marketing Research*, 2 (3): 244–249.

Crouch, G. I., Devinney, T. M., Louviere, J. J. & Islam, T. 2009. Modelling Consumer Choice Behavior in Space Tourism. *Tourism Management*, 30 (3): 441–454.

Dai, D. D., Zhou, C. S. & Zhang, Y. 2016. A Study on the Characteristics and Influencing Factors of the Middle Class in Guangzhou: An Empirical Analysis Based on Maslow's Hierarchy of Needs. *World Geography*, 25 (1): 137–150.

Eid, R. & EI–Gohary, H. 2015. The Role of Islamic Religiosity on the Relationship between Perceived Value and Tourist Satisfaction. *Tourism Management*, 46 (2): 477–488.

Fang, Z. L. 2012. The Research of Paragliding Consumer's Leisure Participation Behavior. Hangzhou: Zhejiang Gongshang University Master University Master's Thesis.

Gao, C. 2016. Reform of the Supply Side to the Production Capacity to Start Fighting.Xinhua Net. http: //news.xinhuanet.com/fortune/2016–01/27/c_128673295.htm.

Han, Y. P. 2015. Study on the Customer Satisfaction Degree of University Canteen: A Case Study of Beijing Forestry University. Beijing: China University of Geosciences Master's Thesis.

hen, Y. L. 2013. *A Study on the Current Situation of Leisure and Leisure Activities of the Elderly in Chengdu*. Chengdu: Chengdu Sport Institute Master Thesis.

Köhncke, Y., Laukka, E. J., Brehmer, Y., Kalpouzos, G., Li, T., Fratiglioni, L., Böckman, L., Lövdén, M. 2016. Three–year Changes in Leisure Activities are Associated with Concurrent Changes in White Matter Microstructure and Perceptual Speed in Individuals Aged 80 Years and Older. *Neurobiology of Aging*, 41(2): 173–186.

Li, B. S. 2016. Analysis of President Xi's Theory of the Structural Reform of the Supply Side. *Journal of Hebei University of Economics and Trade*, 37 (5): 7–11.

Li, T. 2016. Study on the Distribution of Service Space in Shanghai Urban Leisure and Entertainment Area. Shanghai: East China Normal University Master's Thesis.

Li, X., Li, X. & Hudson, S. 2013. The Application of Generational Theory to Tourism Consumer Behavior: An American perspective. *Tourism Management*, 37 (3): 147-164.

Li, Y. 2012. *Influence Factors of Leisure Activities of the Old in Changchun and its Solution.* Changchun: Jilin University Master's Thesis.

Ma, H. T. 2015. Comparison of Leisure Activities of Shanghai Inhabitants (2004-2014) .Shanghai: East China Normal University Master's Thesis.

Maslow, A. H. 1943. A Theory of Human Motivation. *Psychological Review*, 50 (4): 370-396.

Pearce, P. L. 2016. Australian Contributions to Tourist Behavior Studie. *Journal of Hospitality & Tourism Management*, 26 (1): 84-90.

Sally, A. & Clement, A. 2014. Prevalence and Correlates of Leisure-time Physical Activity among Nigerians. *BMC Public Health*, 14 (1): 529.

Sedova, N. N. 2011. The Leisure-time Activity of Citizens. *Russian Education & Society*, 53 (5): 37-60.

Shang. X. N. & He, Y. 2015. Analysis of Consumer Behavior of Rural Tourism in Shanghai. *Economic Research Guide*, 11 (3): 247-248.

Solstrand, M. V. & Gressnes, T. 2014. Marine Angling Tourist Behavior, Non-compliance, and Implications for Natural Resource Management. *Tourism Management*, 45 (6): 59-70.

State Council. 2013. The Outline for National Tourism and Leisure. China Government. http: //www. gov.cn/zwgk/2013-02/18/content_2333544.htm.

State Council. 2016. Government Work Report 2016. China Government. http: //www.gov.cn/zhuanti/ 2016lh/zfgongzuobaogao/index.htm.

Tang, Y. L. 2014. Study on the Change of Urban Inhabitants'Leisure Style and Inheritance of Folk Sports in South of Jiangsu: A Case Study of Suzhou. Nanjing: Nanjing Normal University Master Thesis.

The National Tourism Administration Office. 2015. Notice of the National Tourism Administration on the Implementation of the "Travel + Internet" Action Plan. The National Tourism Administration. http: //www.cnta.gov.cn/xxfb/jdxwnew2/201509/t20150922_747641. shtml.

Wagner, L. 2014. Trouble at Home: Diasporic Second Homes as Leisure Space across Generations. *Annals of Leisure Research*, 17 (1): 71-85.

Wang, W. P. 2015. Strengthen the Reform of the Supply front and Open a New Cycle of Growth. Xinhua Net. http: //news.xinhuanet.com/fortune/2015-11/18/c_128440615.htm.

Woo, E., Kim, H. & Uysal, M. 2016. A Measure of Quality of Life in Elderly Tourists.*Applied Research in Quality of Life*, 11 (1): 65-82.

Wu, S. S. 2013. Cross-cultural Comparisons of Tourists' Consumption Behavior in China and the United States. Shanghai: Shanghai International Studies University Master's Thesis.

Xie, Y. H. 2008. Analysis of leisure sports. *Sports Leisure Sports Culture Guide*, 26 (1): 63-65.

Yang, J. 2016. A Preliminary Study on the Influence of Wisdom Tourism on Tourism Consumer Behavior. *Tourism Overview*, 26 (1): 63.

Zeng, Y. B. 2008. Study on Contemporary University Students' Lifestyle. *Contemporary Youth Studies*, 26 (9): 36-49.

Zhang, X. Z. 2011. Theoretical and Empirical Research on Customer Satisfaction of Theme Park. Chengdu: Southwest Jiao Tong University Doctor's Dissertation.

《公共关系研究》投稿须知

一、本刊介绍

《公共关系研究》由上海外国语大学主办，上海外国语大学国际工商管理学院、公共关系研究院承办，是目前中国内地唯一一份定位于公共关系理论研究的学术辑刊。

本刊主要刊载与公共关系研究领域相关的观念性理论论文、学术性研究报告、专业性教育研究，以及少量反映公共关系研究学术动态的信息、评论和综述。

本刊严格遵从国际学术规范和审稿制度，力求把本刊办成我国公共关系学术研究领域具有专业性、国际性、权威性的学术刊物，使之成为我国公共关系研究学术领域的交流平台，国际公关界了解中国公共关系研究的窗口，中外公关学术交流的桥梁。

本刊欢迎任何来自国内外、境内外的，从各学科、多视角的，科学严谨对公共关系及其相关领域进行研究、探讨的稿件。论文、研究报告、教育研究稿件一般请控制在 5000 字到 15000 字之间；学术动态信息在 1000 字以下；书评、综述、评论等在 3000 字以内。论文格式请参照本刊。

二、投稿须知

1. 投稿时请另页提供个人简介一份。个人简历在 300 字以内。内容包括：姓名、性别、学历、现工作单位、行政职务或职称、研究方向，以及作者通信地址、电话、电子邮件联系方式等。

2. 投稿时请提供文章标题、作者姓名、工作单位、内容摘要、关键词等的英译文。

3. 本刊每年出版 2 辑，分别在 6 月和 12 月，稿件提交截止日期对应为 1 月和 7 月。

4. 编辑部有权修改来稿文字，必要时寄送作者修改或确认，请按规定时间寄回修改稿，或确认编辑部修改后的稿件。

5. 请勿一稿多投。编辑部在接到稿件之后的 1 个月内告知作者用稿意见。稿件若未采用，作者可另投他刊，请自行保留底稿。稿件一经采用，作者便自行将光盘出版、网络出版权转让编辑部，编辑部不再另行通知。

6. 稿件提交的方式与地址：请以电子邮件附件方式发送至：prfshanghai@163.com，并将论文用 A4 纸打印一份寄至：上海市大连西路 550 号，上海外国语大学国际工商管理学院《公共关系研究》编辑部收，邮编 200083。

上海外国语大学
《公共关系研究》编辑部

图书在版编目（CIP）数据

公共关系研究. 第 6 辑/《公共关系研究》编辑委员会编. —北京：经济管理出版社，2017. 12
ISBN 978-7-5096-5580-1

Ⅰ. ①公…　Ⅱ. ①公…　Ⅲ. ①公共关系—研究　Ⅳ. ①C912. 31

中国版本图书馆 CIP 数据核字（2017）第 312440 号

组稿编辑：申桂萍
责任编辑：高　娅
责任印制：黄章平
责任校对：王淑卿

出版发行：经济管理出版社
　　　　　（北京市海淀区北蜂窝 8 号中雅大厦 A 座 11 层　100038）
网　　址：www. E-mp. com. cn
电　　话：（010）51915602
印　　刷：三河市延风印装有限公司
经　　销：新华书店
开　　本：787mm×1092mm/16
印　　张：8.25
字　　数：180 千字
版　　次：2017 年 12 月第 1 版　2017 年 12 月第 1 次印刷
书　　号：ISBN 978-7-5096-5580-1
定　　价：39.00 元